LES LIVRES
PRENNENT SOIN DE NOUS

© ACTES SUD, 2015
ISBN 978-2-330-04851-8

RÉGINE DETAMBEL

Les livres prennent soin de nous

Pour une bibliothérapie créative

essai

ACTES SUD

Nous sommes condamnés à nous inventer, nous sommes condamnés à innover ou à mourir…

Rabbi Nahman de Bratslav

Les gens qui se croient dans le réel sont les plus ignorants, et cette ignorance est potentiellement meurtrière.

Nancy Huston

AVANT-PROPOS

J'AI TOUJOURS RÊVÉ d'écrire un livre sur les livres, sur leur pouvoir, sur leur mission, sur les modifications, psychiques, et même physiques, qu'ils entraînent ou provoquent en nous.

Pour ce faire, j'ai rassemblé, durant des années, des citations, des titres, des propos, des histoires puisés dans mes lectures. Tout particulièrement les témoignages d'écrivains se disant "sauvés" par les livres, le mot n'est pas trop fort.

Tout le monde connaît le merveilleux *Une histoire de la lecture* d'Alberto Manguel, paru chez Actes Sud il y a déjà quelque temps, et qui fut pionnier de ces livres parlant de littérature comme un roman, de manière immédiatement accessible au grand public.

On connaît également l'ouvrage de Marc-Alain Ouaknin, *Bibliothérapie. Lire, c'est guérir*, qui place la lecture au sommet des gestes spirituels fondateurs.

On connaît moins bien l'essai d'André Spire, intitulé *Plaisir poétique et plaisir musculaire*, qui place d'emblée écriture et lecture dans le monde du dynamique et du mouvement, alors qu'on croyait la littérature plutôt intellectuelle et statique.

Depuis une quinzaine d'années, des universitaires de renom se sont consacrés à la question du pouvoir des livres. Danielle Sallenave s'est demandé à quoi sert la littérature. Michel Picard, du Centre de recherche sur la lecture littéraire de Reims, a publié les actes d'un colloque intitulé *Comment la littérature agit-elle?* Louise L. Lambrichs s'est posé la question de savoir quels maux la littérature guérit. Marielle Macé a traité des manières dont la littérature imprègne notre vie et, littéralement, notre style de vie. Mais c'est surtout Michèle Petit, anthropologue de la lecture, qui a publié en 2002 un éclairant *Éloge de la lecture. La construction de soi*, puis en 2008 *L'Art de lire ou Comment résister à l'adversité*, ouvrages pionniers dans leurs révélations sur les pouvoirs thérapeutiques du livre, déjà salués lors de leur parution mais auxquels il m'a paru essentiel de réserver une place toute particulière, étant donné la richesse et la pertinence des exemples cités. On trouvera donc dans le présent essai de nombreuses citations empruntées à ces deux ouvrages, comme autant de balises éclairant mon propos.

Car la modeste ambition de mon essai est de rendre accessible au grand public ces travaux universitaires d'une richesse sans pareille, qui ont nourri ma réflexion et m'ont conduite à théoriser et méthodiser une formation originale à la bibliothérapie créative (ou bibliocréativité) à destination des bibliothécaires, libraires ou soignants. Mon expérience hybride, à la fois de romancière et de soignante en milieu hospitalier, m'a permis d'enrichir et compléter, dans la perspective du soin, les approches et les intuitions de ces auteurs.

Mais *Les livres prennent soin de nous* est d'abord une anthologie des meilleures approches thérapeutiques de la littérature. Et un grand salut à tous ceux qui défendent le livre, son exigeante présence.

R. D.

ARMER POUR LA VIE

Tout est déjà dans les livres. Y compris l'art d'aimer. "Je ne serais peut-être jamais tombée amoureuse si je n'avais pas lu *À la recherche du temps perdu…*" écrit la psychanalyste Catherine Millot. Et combien sont morts des attaques de la jalousie sans avoir jamais eu la chance d'en lire, chez Proust encore, tellement de pages consacrées à la démystifier qu'on en sort guéri ?

"Il y a des gens qui n'auraient jamais été amoureux s'ils n'avaient jamais entendu parler de l'amour", disait déjà La Rochefoucauld, et, plus gravement, André Gide avait observé durant la Grande Guerre que le langage des journalistes, qui n'étaient pas allés au front, avait pourtant fourni les clichés utilisés par les soldats blessés pour décrire leurs émotions et leurs souffrances.

Pour Jean Starobinski, théoricien de la littérature, l'histoire des sentiments et des mentalités est largement tributaire des formes langagières ou artistiques dans lesquelles ils se sont exprimés, et l'on ne peut saisir un sentiment ou une émotion que s'ils se sont laissé représenter dans une forme verbale. C'est humain. Voilà pourquoi l'expérience intérieure serait indissociable du vocabulaire, qui offre à nos émotions les plus intimes le modèle possible de leur expression.

C'est sur quoi, entre autres, joue la bibliothérapie.

La pionnière de la bibliothérapie anglo-saxonne, Sadie Peterson Delaney (1889-1958), a mené ses premières expériences cliniques dans un hôpital de l'Alabama, autour de 1916, précisément pour tenter de soulager les nombreux troubles psychologiques des militaires traumatisés par les horreurs de la Première Guerre mondiale.

Mais il fallut attendre 1961 pour découvrir dans le *Webster International* la définition suivante : "La bibliothérapie est l'utilisation d'un ensemble de lectures sélectionnées en tant qu'outils thérapeutiques en médecine et en psychiatrie. Et un moyen de résoudre des problèmes personnels par l'intermédiaire d'une lecture dirigée."

Publiant à Paris, en 1994, son essai intitulé *Bibliothérapie. Lire, c'est guérir*, Marc-Alain Ouaknin initiait le processus en langue et en territoire français. Ce virtuose de la lecture talmudique et biblique, explorant "la force du livre", rendit compte du travail de libération et d'ouverture à l'œuvre dans la lecture. Selon Ouaknin, la bibliothérapie consiste à rouvrir les mots à leurs sens multiples. Par la magie de l'interprétation, l'ouvrage poétique dénoue les nœuds du langage, puis les nœuds de l'âme, qui s'opposaient à la vie et à la force créatrice. La bibliothérapie ainsi comprise doit permettre à chacun de sortir de l'enfermement, de la lassitude, pour se réinventer, vivre et renaître à chaque instant dans la dynamique d'un langage en mouvement.

Hélas, on peut déplorer que la psychologie anglo-saxonne, en majeure partie, ne l'entende pas de cette oreille car, pour la bibliothérapie en usage outre-Manche, l'œuvre de fiction magistrale, bourrée de rythmiques revigorantes, d'une multiplicité de sens feuilletés et de métaphores caressantes, n'est pas la panacée ; elle a même été oubliée, avec le dédain le plus insultant, comme un copeau, comme une mouche. Aux ouvrages de fiction, le *biblio-coach* semble préférer deux catégories de textes, assurément plus manipulables par des prescripteurs peu frottés à la bibliothèque : les livres de psychologie grand public, dont le contenu est en rapport avec la recherche d'un mieux-être (développement personnel, information sur un trouble particulier, affirmation de soi, estime de soi, lutte contre les pensées automatiques négatives…) ; et les livres dits "d'auto-traitement" *(self-help books)*, inspirés des thérapies comportementales et cognitives (TCC), offrant une méthode de travail précise pour dissiper ses phobies, ses idées noires, ouvrages qui ont pour dessein de guider et d'encadrer le patient-lecteur dans les actes de sa vie quotidienne, afin de l'aider dans un processus de changement comportemental et psychologique.

Ainsi à Londres, où la lecture risque désormais d'être médicalisée, le médecin prescrit-il le livre comme un médicament que le patient ira retirer dans une bibliothèque thérapeutique. Mais inutile de rêver qu'on y promouvra d'abondance les traductions britanniques de Franz Kafka, de Charlotte Delbo ou d'Antonio Lobo Antunes pour soigner les petits et les grands tourments. Il n'est qu'à lire les conseils d'une bible étasunienne estimant que "les œuvres recherchées en bibliothérapie [doivent être] faciles à comprendre"… D'où ces longues listes de titres convenus, qui n'ont jamais fait de mal à personne, expliquant le plus rationnellement du monde comment ne pas se gâcher la vie afin de retrouver le sommeil pour ne pas craquer au travail et savoir s'affirmer…

Et quand on y pense, "facile" est un mot d'ordre effrayant, voire proprement scandaleux, car en littérature ou en poésie, c'est-à-dire en art, il n'y a précisément rien à comprendre. Je me souviens d'un collégien de quatorze ans qui s'émerveilla sept mois durant des *Somnambules* de Hermann Broch, précisément parce qu'il n'y comprenait rien, et en fut sauvé d'un imbroglio familial. Parfois, le fait de donner une signification à ce qu'on lit est accessoire. C'est l'infusion qu'on recherche, la fusion avec les signes sur la page, l'imbibition par le texte, non son interprétation. Parfois, la question du sens est secondaire. Tout le plaisir est là. Et le vertige. Ne demande pas ton chemin à quelqu'un qui sait car tu ne pourras pas t'égarer, déclarait Rabbi Nahman de Bratslav voilà plus de deux siècles.

En France, quelques médecins se sont mis à prescrire de vrais livres. L'écrivain et gynécologue Marie Didier conseilla surtout à ses patientes anxieuses de se plonger dans *Une vie bouleversée* d'Etty Hillesum, le journal intime d'une jeune femme transfigurée, trouvant soudain l'existence "pleine de sens dans son absurdité", une œuvre rédigée pourtant au beau milieu de la Shoah, dans le camp de transit de Westerbork, où Etty fut détenue avant d'être envoyée à Auschwitz pour y mourir.

À ceux qui s'enlisent dans une période de déprime, le Dr Maurice Corcos conseille de lire *Les Nourritures terrestres* d'André Gide, pour ses accents solaires et hédonistes, ou, à l'inverse, le bouleversant *Face aux ténèbres* de l'Américain William Styron, afin d'apprendre à connaître les aspects de la plongée dépressive de l'être qu'on accompagne. Bref, on recommande ici et là des livres qui permettent d'entamer un dialogue identificatoire avec un alter ego, narrateur ou personnage ayant déjà éprouvé tel ou tel sentiment, et rendant compte utilement de ses réussites ou de ses fêlures. Et on est évidemment bien plus près de la philosophie morale que de la médecine quand on s'interroge sur la manière dont ces œuvres nous apprennent quelque chose, nous éduquent, donnent forme à notre vie. Des philosophes comme Sandra Laugier ou Martha Nussbaum, en France et aux États-Unis, travaillent à expliquer cet intérêt passionné que nous portons à la personne et à la vie des personnages de romans (ou de séries télévisées, dont il ne faut pas oublier qu'elles reposent d'abord sur des scénarios écrits), à leurs désirs et à leurs émotions, aux conflits éthiques qu'ils affrontent, à leurs expériences et aventures morales.

À force de vivre et de suivre les aventures de personnages "exemplaires", riches, originaux, exceptionnels (au sens profondément humain du terme), on finit par ne plus trouver étrange un tel comportement, alors même que nous vivons dans le plus étriqué des mondes. D'où la nécessité de prendre conscience du miroir que nous tendent les romans, et de les choisir en conséquence !

La littérature offre donc d'abord une "éducation sensible", elle définit une nouvelle attention à la vie humaine ordinaire, avec la perception de ses détails, ses nuances, ses subtilités et ses différences. Elle rendrait ainsi plus sensible au sens et à l'importance de certains moments de notre vie dont nous n'aurions pas conscience autrement, sans ce guide, sans cette autorisation. Ainsi

Martha Nussbaum suggère-t-elle que la lecture se révèle être une véritable expérience de vie, à la fois intellectuelle et sensible ; cet enchevêtrement est une "aventure de la personnalité" qui transforme la nature de notre pensée morale.

Or le médical ne voit pas les choses en ces termes. Le Dr Pierre-André Bonnet, généraliste installé dans le Vaucluse, a consacré en 2012 sa thèse de doctorat à la bibliothérapie, l'une des premières en France sur cette discipline redécouverte, et promeut désormais "la lecture motivée d'un support écrit dont la finalité est l'amélioration de la santé mentale, soit par la diminution de la souffrance psychologique, soit par le renforcement du bien-être psychologique". Bonnet, qui a interrogé près de cinq cents personnes pour ses recherches ("Avez-vous déjà lu un ouvrage qui vous a été psychologiquement bénéfique?"), conclut succinctement son enquête en ces termes : "Les interviewés ont peu cité la littérature médicale, mais déclaraient avoir changé grâce à la lecture de Paulo Coelho, par exemple, et surtout des romans."

Quant aux centaines de réponses recueillies, elles furent classées en cinq thématiques : "Comprendre, découvrir. Réaliser que je ne suis pas seul. Un autre point de vue, un nouvel angle de vision. Le livre est une aide importante. Lire est un voyage, une évasion, mais aussi une défense."

Il me semble essentiel d'étoffer ces réponses schématiques. Comme expérience d'éveil et accès à la connaissance, le livre offre une découverte, une révélation, un déclic. Porté par la page, le lecteur échappe au moins temporairement à l'angoisse, à la tristesse, quand ses ruminations sont chassées par les péripéties que le récit lui impose. Et c'est ce mouvement de réinterprétation du sens du monde, donc de la vie, qui lui offre soudain ce sentiment de liberté, de voyage. La lecture permet aussi l'acquisition de défenses psychologiques contre les événements du jour : ainsi agit l'histoire de chaque soir, qui répare le psychisme des enfants et les prépare aux inévitables anicroches du lendemain.

Ces moments d'apaisement, véritables oasis de bien-être psychique, dénouant les tensions intérieures, Montesquieu les avait résumés ainsi : "Je n'ai jamais eu de chagrin qu'une heure de lecture n'ait dissipé."

Le livre permet de rendre le monde intelligible, il dénoue les conflits psychiques : m'identifiant au personnage, je comprends que je ne suis pas seul dans cette situation. Qui se croit seul de son espèce et absolument monstrueux peut rencontrer au détour d'une page une autorisation d'être ce qu'il est, une reconnaissance de lui-même, voire un sentiment de légitimité.

Gageons que nombre de nos jeunes contemporains, mal avec eux-mêmes et mal dans leur entourage, ont tout pour devenir d'excellents lecteurs des œuvres anticonformistes.

"Partout où je suis allé, un poète était allé avant moi", écrivit Sigmund Freud. Il semblait absolument conscient que la littérature est première pour tout ce qui concerne l'humain, ses maux, ses nœuds, ses mystères, et apprit surtout du romancier viennois Arthur Schnitzler.
Si, la plupart du temps, la littérature est peu convoquée chez les prescripteurs, le mage Paulo Coelho et bien d'autres publications à l'eau de mélisse sont très souvent appelés à la rescousse pour faire passer les idées noires ou aider à recouvrer l'estime de soi en vingt leçons. Conclusion : un médecin ou un psychothérapeute connaît la pharmacopée (celle des molécules, éventuellement celle des comportements), mais il est bien loin de savoir manipuler, avec la même acuité et la même créativité, la bibliothèque, ses dangereux remous, ses poisons enivrants, ses baumes. Combien de décennies de lecture – à temps plein ou quasiment – pour connaître un peu des bienfaits de ses rayonnages ? Je ne doute évidemment pas des capacités empathiques des soignants, mais bien de la profondeur de leur implication artistique, ne serait-ce que par manque de temps, ou peut-être de vocation, de motivation exclusive pour la littérature… À ces suppositions simplistes, mieux vaut substituer la

théorie du psychanalyste belge Jean Florence : "On ne se doute pas toujours, saisi par l'engouement et la croyance que l'expression artistique ne peut faire que du bien, qu'introduire de telles pratiques dans l'institution de soin, c'est introduire de l'explosif. Je veux simplement dire : du désir et, par là, de l'angoisse… pour tous."

Mais l'une des raisons majeures pour lesquelles une certaine bibliothérapie ne souhaite pas travailler avec les fictions littéraires, c'est qu'un même titre ne produira pas les mêmes effets sur deux lecteurs différents… La non-reproductibilité des effets produits dissuade le scientifique d'administrer un principe actif aussi aléatoire.

Or, pour ces motifs précisément, je suis plutôt représentative d'une bibliothérapie littéraire, c'est-à-dire créative, et donc sans aucun rapport avec le *biblio-coaching*. Magie de la lecture artistique, qui défiera toujours les minces stratégies des "bonheuristes" !

TOUCHER AU CORPS

LE MÉDECIN-ROMANCIER Martin Winckler a, l'un des premiers en France, interrogé la place du récit dans les études médicales et prôné une "médecine narrative", à l'écoute de l'histoire du patient. En 1973, il est étudiant à Tours et affirme avoir été reçu au concours grâce à la toute première épreuve de français mise en place dans une faculté de médecine. Winckler a rapporté qu'à Kansas City (Missouri) les étudiants admis en médecine après quatre années d'université reçoivent, en cadeau de bienvenue, un fort volume intitulé *On Doctoring* (Sur le soin), une anthologie de textes littéraires consacrés à la maladie, au soin, à la vie et à la mort. Elle contient des textes de la Bible, mais aussi de Jorge Luis Borges, Franz Kafka, William Carlos Williams, Anton Tchekhov, Margaret Atwood, Pablo Neruda, Arthur Conan Doyle, et de médecins écrivains contemporains connus et respectés hors de France. On offre ce livre aux étudiants, expliquent les responsables de l'enseignement, "parce qu'ils en apprendront plus sur le soin dans la littérature que dans les livres de pathologie où l'on n'apprend que la médecine".

Winckler et bien d'autres plaident aujourd'hui pour le retour aux "humanités médicales". En 2001, un colloque initié par Gérard Danou, intitulé *Littérature et médecine*, avait interrogé ce paradoxe : la médecine contemporaine obtient de remarquables résultats, mais il n'est pas de sa compétence de résoudre les questions fondamentales et éternelles de l'existence. Pourtant le médecin reçoit sans cesse des plaintes qui, pour la plupart, relèvent du registre de *La Maladie humaine*, titre d'un beau livre de Ferdinando Camon. Or, pour répondre à ces plaintes-là, seul le récit aurait ce pouvoir étonnant, dans les mouvements de la lecture et de l'écriture, d'arracher à soi-même et à sa douleur, et de bouleverser "l'expérience profonde du temps" comme l'écrit Paul Ricœur, en proposant du sens toujours renouvelé, au lieu des heures comptées de la longévité humaine.

Dans les années 1950, Jean Reverzy, médecin et romancier, installé dans les quartiers populaires de Lyon et contemporain de Céline, prescrivait l'écriture à l'un de ses personnages pour lutter, disait-il, contre l'aiguillon de la douleur. Les authentiques romans médicaux, composés, dirait-on, par des *medecine-men*, ont ce pouvoir étrange de libérer le lecteur d'une certaine angoisse.

Mais ce qui est aujourd'hui nouveau est une certaine reconnaissance de la vertu thérapeutique de l'écriture sans prétention littéraire, dite ordinaire, s'affirmant au travers de récits qui narrent une expérience morbide vécue (sida, cancers, greffes d'organes)... Si ces textes laissent généralement peu de marge de liberté à l'interprétation dans l'acte de lecture, ils agissent favorablement sur le scripteur, en interrogeant son identité menacée. En Amérique du Nord, des médecins favorisent cette pratique ordinaire comme adjuvant aux traitements médicamenteux dans les épreuves traversées, tandis que certains départements d'université encouragent leurs praticiens à lire des romans (avec le soutien de la revue *Literature and Medicine*, éditée depuis plus de vingt ans par l'université Johns Hopkins de Baltimore, Maryland), afin de réfléchir la pratique médicale dans l'acte de lecture et de rendre aux mots, gelés par l'univocité du discours, un jeu, un bougé entre le jargon et la chose, une mobilité poétique du signe.

Cette conception utilitariste de la littérature pourrait contribuer à rééquilibrer les relations de pouvoir entre les patients et les médecins, en facilitant peut-être l'échange de questions et de réponses. Il est en tout cas permis d'espérer qu'une telle initiation à la littérature pourra enseigner aux étudiants que la science, quand elle est isolée, n'est pas toute-puissante...

Les plus grands de nos écrivains ont depuis longtemps associé littérature et soin. Le Clézio écrivit dans *Haï* : "Un jour, on saura peut-être qu'il n'y avait pas d'art, mais seulement de la médecine." On sait depuis Camus que la littérature est "un art de vivre par temps de catastrophe".

Citez-moi un seul de ceux-là (Primo Levi, Robert Antelme, Charlotte Delbo, Varlam Chalamov, Jorge Semprún...) qui aurait pu substituer à son Baudelaire un bouquin de développement personnel prônant l'estime de soi par gros temps! Car il faut qu'un livre soit plurivoque, un épais feuilletage de sens et non une formule plate, conseil de vie ou de bon sens, pour avoir le pouvoir de nous maintenir la tête hors de l'eau et nous permettre de nous recréer. Le bonheur de la répétition, l'hypnose revigorante de la rime, la mémorisation délectable, l'émerveillement devant le texte intraitable sont à mes yeux les vrais principes actifs de la bibliothérapie. Alors que le *biblio-coaching* recherche surtout des livres "faciles à comprendre".

Pour moi, je réserve le nom de bibliothérapeute au passeur qui tiendra compte de toutes les vertus du livre à la fois, et pas seulement de sa maniabilité par le soignant, de son sens manifeste ou du contenu conscient du récit... Le philosophe russe Léon Chestov conseillait, au début du XXe siècle, de se délivrer du "pouvoir des concepts dont la netteté tue le mystère" parce que les "sources de l'être sont en effet dans ce qui est caché et non dans ce qui est à découvert".

À notre tour, offrons des mots, des phrases, un lexique suffisamment riches pour aider à mettre en forme aussi bien les états d'échec que les manifestations biologiques (de la maladie, de la ménopause, du handicap, du vieillissement…), ces bouleversements du corps qui attendent des verbes et des formes dans lesquels couler un récit explicatif donc apaisant. Les conseils et les recettes ne suffisent pas à remodeler le chaos. Il y faut de la métaphore pour pouvoir offrir au sujet une représentation verbale de ces fictions biologiques qui le submergent, car les grands problèmes humains ne sont accessibles que métaphoriquement.

Je viens de lire dans une revue mutualiste qu'un certain Dr B. prescrit un livre, en cas d'angoisse ou de dépression, et "s'appuie pour cela sur Marcel Proust" car, dit-il, les personnes dépressives sont insensibles à une intervention extérieure, d'où l'importance de la lecture, qui leur offre une "impulsion intérieure"… Mais il n'est question dans cette approche logique, à laquelle Marcel fournit une caution littéraire, ni de la caresse du papier, ni de l'impulsion musicale. Pas non plus le moindre souci de prosodie…

Mais comment des phrases sans rythme et sans sonorité, sans métaphore et ne portant donc que sur le sens obvie, comment ces phrases, pauvres parce qu'elles n'apportent qu'une information univoque, auraient-elles la moindre chance de toucher au corps ?

Est-ce vraiment au médecin que nous devons demander de nous expliquer l'art et la manière de nous servir des livres ? Et peut-on penser que quelqu'un maîtrisera un jour l'effet d'un livre sur le lecteur ? Doit-on ignorer que tout principe actif est à la fois remède et poison, et qu'un livre peut blesser effroyablement ?

Sans parler du péril qui croît à la racine même de ce dangereux désir de diriger la lecture de l'autre, seul lieu de braconnage qui restait pourtant à nos pensées déjà constamment surveillées par l'électronique ou par le politique !

Blague à part, quel médecin inspiré prendrait le risque suicidaire de vous prescrire Fritz Zorn pour vous apprendre à observer par le menu le mal qui vous ronge, ou bien la grande Colette pour vous accompagner sur ce chemin qu'on appelle le vieillissement, offrant avec générosité les règles de son merveilleux "savoir-décliner", à la fois renoncement et renouveau face à la vieillesse ?

Quel psychologue ardent osera conseiller en cas d'asthénie la merveilleuse folie de Marina Tsvetaïeva, qui s'était soignée toute sa vie aux vapeurs de la poésie, et avait bien pressenti son purgatoire : "À quoi sert tout mon travail de vingt ans, toute ma vie ? – À amuser les bien-portants qui s'en passent" ?

À tout âge, la vie humaine est autocréation. Un être ne peut se comprendre, se libérer, répondre de soi que dans la mesure où il a conscience de se produire soi-même, où il se vit comme sujet de son existence. C'est pourquoi la lecture des grands textes est hautement réparatrice. Quand la biomédecine a fait de vous un corps-machine qui ne répond plus et vous plonge dans le noir, quand vous êtes réduit à un organisme suspect et brutalement exclu du monde par ces expériences intimes que sont le vieillissement ou la solitude, qui vous isolent et vous terrifient, la lecture est là pour vous réinsuffler du souffle, du désir et du sens.

Jusqu'au bout, en tout cas tant que la douleur peut être tenue en respect, la littérature vous relie à la communauté des très grands vivants.

Certaines lectures raniment. Certains écrits raniment. Dans la détresse physique, le handicap ou la grande vieillesse, le livre permet de descendre en soi-même, de restaurer son for intérieur, de relancer le désir en nous. Les bibliothécaires et les libraires, les éditeurs et les auteurs, par leur situation à la conjonction de l'être et du livre, ne peuvent ni ne doivent ignorer cette responsabilité parfois déconcertante…

Voilà sur quoi miser pour sauver à la fois la littérature et nos têtes, à charge pour nous de prouver chaque jour que la littérature peut toucher au corps !

UNE VIE NOUVELLE

En 1928, Colette a cinquante-cinq ans et publie chez Flammarion un récit qui ouvre pour elle une ère nouvelle, c'est *La Naissance du jour*. Désormais, écrit-elle, "il va falloir vivre – ou même mourir – sans que ma vie ou ma mort dépendent d'un amour".

Cet adieu à l'amour n'est pas un renoncement à la vie. C'est au contraire un renouveau, "une conquête sur la dépression" permettant à l'émotion, à la sensualité, au plaisir même, de se redéployer sur d'autres objets : les travaux du jardin et de la maison, la conversation avec les animaux familiers et l'immersion dans la nature méditerranéenne. Voici les valeurs qu'elle déclare désormais vouloir privilégier.

La Naissance du jour s'ouvre sur cette lettre très connue de Sido, annonçant à Henry de Jouvenel, le second mari de Colette, qu'elle ne viendra pas séjourner auprès de sa chère fille car l'éclosion exceptionnelle d'un cactus la retient chez elle : "Monsieur, vous me demandez de venir passer une huitaine de jours chez vous, c'est-à-dire auprès de ma fille que j'adore. (…) Pourtant, je n'accepterai pas votre aimable invitation, du moins pas maintenant. Voici pourquoi : mon cactus rose va probablement fleurir. C'est une plante très rare, que l'on m'a donnée, et qui, m'a-t-on dit, ne fleurit sous nos climats que tous les quatre ans. Or, je suis déjà une très vieille femme, et, si je m'absentais pendant que mon cactus rose va fleurir, je suis certaine de ne pas le voir refleurir une autre fois…

Veuillez donc accepter, Monsieur, avec mon remerciement sincère, l'expression de mes sentiments distingués et de mon regret."

Colette s'appuiera désormais sur la force que lui a donnée cette publication. Même dépressive, même souffrante, elle écrirait : "Puissé-je n'oublier jamais que je suis la fille d'une telle femme qui penchait, tremblante, toutes ses rides éblouies entre les sabres d'un cactus sur une promesse de fleurs, une telle femme qui ne cessa elle-même d'éclore, infatigablement, pendant trois quarts de siècle…"

Le 24 janvier 1953, pour les quatre-vingts ans de Colette, *Le Figaro littéraire* imprima la véritable lettre de Sido, tirée des archives de l'écrivain : "Monsieur de Jouvenel, votre invitation si gracieusement faite me décide à l'accepter pour bien des raisons, parmi ces raisons il en est une à laquelle je ne résiste jamais : voir le cher visage de ma fille, entendre sa voix…"

On comprit alors à quel point la lettre réinventée, réécrite par la quinquagénaire fut en fait une création de soi-même par soi-même, un auto-engendrement, une refondation absolue de soi, mais sous la protection de cette Sido imaginaire : "Au cours des heures où je me sens inférieure à tout ce qui m'entoure, menacée par ma propre médiocrité, effrayée de découvrir qu'un muscle perd sa vigueur, un désir sa force, une douleur la trempe affilée de son tranchant, je puis pourtant me redresser et dire : « Je suis la fille de celle qui écrivit cette lettre… »" Colette est en vérité "celle qui écrivit cette lettre", et elle a absorbé goulûment la force que lui a donnée ce personnage… de fiction.

Créer n'est pas produire. À tout âge, créer, c'est libérer des possibilités de vie susceptibles d'accroître à la fois la puissance de la sensibilité et la jouissance du fait de vivre. Les créateurs réussissent momentanément à faire face à la douleur causée par le désespoir, la peur ou la perte, en décidant de donner vie à quelque chose qui n'existait pas auparavant – quelque chose qui sans eux n'aurait pu avoir lieu. Comme si cette vie nouvelle était capable, par sa fraîcheur et son jaillissement même, de conjurer cette inéluctable limitation à quoi leur finitude essentielle les condamne.

Voici la leçon de Sido : créer une page où une fleur de cactus est au commencement d'une vie nouvelle. Créer est ce commencement lui-même. Créer est donc le seul moyen de se tirer d'affaire.

Des générations de lectrices et de lecteurs de Colette ont été fascinées par sa génialité de grande vivante, et revigorées par la manière dont elle se donna ainsi des modèles de vie, les réinventant, les remodelant au besoin, s'adossant pour vivre à leur force exemplaire, et nous offrant à nous aussi ce tremplin quotidien.

POÉTIQUE DU PATHOS

Dans le livre, l'ordre du récit répare le chaos de la vie. Laure Adler l'affirme dans un beau récit autobiographique très justement interrogé par l'anthropologue de la lecture Michèle Petit. Celle qui vient de subir l'une de ces épreuves personnelles dont on pense ne jamais pouvoir se remettre, la perte d'un fils, en témoigne avec force : "Si je ne me suis pas tuée, c'est parce que je suis tombée par hasard sur *Un barrage contre le Pacifique* de Marguerite Duras." Ce roman, "substituant son temps au mien, l'ordre du récit au chaos de ma vie, m'a aidée à reprendre souffle et à envisager le lendemain. La détermination sauvage, l'intelligence de l'amour manifestées par la jeune fille du barrage y furent sans doute pour beaucoup", explique-t-elle.

La rencontre avec ce livre s'était faite par hasard. Il était posé sur une étagère, dans une maison de location : "J'ai toujours eu le sentiment qu'en fait il m'attendait."

L'art recèle suffisamment de puissance pour faire face au chaos. Chez Christian Bobin aussi : "Sur la table cirée la pomme rouge crie de joie. On n'entend qu'elle. Je pose à son côté le livre de Ronsard : le livre est plus vivant que la pomme."

Chez Adler, chez Bobin, le livre est plus vivant que la souffrance.

Deuil également pour un jeune romancier frappé dans son destin de père. Au lendemain de la mort de sa fille, qui crée dans son existence un abîme aux vertus étranges, Philippe Forest s'est dit sauvé par un grand écrivain de la littérature japonaise, dont l'œuvre est tout entière dominée par la question de l'amour parental. En effet, bouleversé par la naissance de son fils handicapé, Oê s'était rendu à Hiroshima en 1963. Pour ne pas sombrer, il avait ainsi décidé de soumettre son esprit à l'épreuve d'une douleur plus terrible encore.

Il faudra désormais à Forest des livres dont l'effet de vérité lui semble aussi fort que ceux d'Oê, et qui procèdent également d'une expérience intime extrême. Mais s'il admet que le roman peut prendre en charge l'expérience humaine de chacun, il semble détester pourtant l'idée qu'un livre soit un garde-malade. Il ne souhaite pas que le livre "soigne de la souffrance de vivre".

Pour Forest, la littérature authentique ne peut ni ne doit avoir de valeur consolatrice. Il souhaiterait en outre que ses lecteurs ne se méprennent pas sur la nature de ses romans. Car il n'y distille pas, affirme-t-il, une littérature aux vertus thérapeutiques mais va très explicitement à son encontre. À ses yeux, le roman vrai ne vient pas mettre de l'ordre dans le chaos "mais scandaleusement réveiller un désastre devenant à son tour expérience de vérité et de beauté".

Dans le même temps, Forest réhabilite une esthétique, voire une poétique du *pathos*. Il ironise sur la manie des critiques littéraires "qui consiste à féliciter un écrivain d'avoir abordé un sujet grave « sans pathos ». (...) Tout se passe comme si le pathétique était devenu par excellence la forme de l'obscène."

Dans son *Dictionnaire des idées reçues*, Flaubert en donnait déjà une définition similaire : "*Pathos* : tonner contre, s'insurger. Déclarer avec un air hautain que la vraie littérature l'ignore. Féliciter un auteur d'avoir su, dans son roman, éviter l'écueil du *pathos*. Écrire : c'est un beau livre, grave. Ajouter aussitôt : mais sans *pathos*."

On peut imaginer ce que la censure du *pathos* ferait disparaître de grands livres : Hugo, Faulkner, Dostoïevski... Si Forest use du pathos, c'est dans la double perspective d'Aristote et de Malraux. Aristote enseignait dans sa *Poétique* que la tragédie nous confronte à la passion (par la *mimèsis*) pour nous en délivrer (par la *catharsis*), qu'elle convoque le *pathos* (sur la scène) mais pour le congédier aussitôt (de nos vies). La jouissance esthétique constitue cette décharge apaisante qui libère l'homme de la violence du réel et le reconduit vers le confort consolateur du monde.

Quant à Malraux, il écrivit que le poète tragique exprime ce qui le fascine, "non pour s'en délivrer (…) mais pour en changer la nature ; (…) il ne se défend pas de l'angoisse en l'exprimant, mais en exprimant autre chose avec elle, en la réintroduisant dans l'univers. La fascination la plus profonde, celle de l'artiste, tire sa force de ce qu'elle est à la fois l'horreur, et la possibilité de la concevoir." C'est sur ce mode que Forest, dans *L'Enfant éternel*, écrivit l'irrémédiable, l'inguérissable, l'inconsolable.

Mais pour Marie Didier, dont on peut lire l'expérience intime de la maladie chronique dans *Le Veilleur infidèle*, il est radicalement impossible de lire si l'on est tourmenté par la douleur physique : "Elle ouvre un livre, elle est calme, relâchée. Oui, mais toujours douloureuse. « Pour aimer lire il faut encore espérer », écrit Pierre Pachet. Il aurait pu ajouter « il ne faut pas souffrir ». Or elle souffre…"

POÉSIE-THÉRAPIE

Nous sommes en 1823. Goethe a soixante-quatorze ans, il est resté prodigieusement actif, d'une créativité qui semble inépuisable, mais il est en train de se mourir "d'une grande passion" dans la calèche qui l'emmène, de la station mondaine de Marienbad où il prenait les eaux, jusqu'à sa maison de Weimar. L'adorée, Ulrike von Levetzow, a dix-sept ans, ses parents ont refusé de la laisser épouser le poète. Et Goethe est littéralement anéanti par ce chagrin d'amour. Ballotté dans la voiture, il ne desserre pas les dents et semble perdu dans ses pensées. Mais à chaque relais, il bondit hors de la calèche pour prendre des notes. Dans l'auberge où il fait relâche pour la nuit, il va inscrire l'exergue de l'œuvre à venir, signée du Tasse :

> *Et si l'homme se tait dans ses tourments,*
> *Un dieu m'a donné ce pouvoir : dire ce que je souffre.*

Tout au long du chemin, la scène se répète. Chaque fois qu'on descend de voiture, Goethe recopie ce qu'il a préparé dans sa tête. Terminus Weimar. On déplie le marchepied. On détèle les chevaux. On descend les bagages. L'œuvre est achevée. Goethe entre chez lui en titubant. Il passera trois jours à transcrire son élégie, en lettres majestueuses, sur un papier qu'il a choisi tout exprès. Ensuite, il va s'effondrer. Son état de santé est si préoccupant que ses proches vont appeler d'urgence son confident. Zelter, arrivant de Berlin, prendra immédiatement conscience de la gravité de la situation et de sa singularité : "Que trouvai-je ? Quelqu'un qui semble avoir l'amour au corps, tout l'amour avec les souffrances de la jeunesse."

De sa voix chaude et tendre, Zelter décidera de lire et relire au vieux Goethe sa propre poésie, tout juste écrite dans l'extrême douleur. Entre le lever et le coucher du soleil, Zelter lira vingt et une fois l'*Élégie de Marienbad* à son propre auteur :

Abandonnez-moi, mes compagnons
L'univers est perdu pour moi, et moi de même…

Et Goethe ne se lassera pas d'écouter cette voix amie qui lui lit en boucle, "avec tendresse", sa poésie. "C'était vraiment drôle, écrira beaucoup plus tard Goethe à Zelter, que tu me fisses entendre, plusieurs fois, avec ta chaude et douce voix, ce qui m'est cher à un degré tel que je ne saurais me l'avouer à moi-même."

C'était donc l'histoire du dernier chagrin d'amour de Goethe, telle que l'a rapportée Stefan Zweig. Quelle réaction a eu lieu entre le rythme de l'élégie et la bouche de Zelter, entre les lèvres du musicien et les oreilles déprimées du vieux poète ? On n'en sait rien vraiment. Toujours est-il que ça marche ! Celui qui se croyait mort revit parce que quelqu'un, dans un souffle sain et dynamique, lui a renvoyé l'énergie de sa propre créativité.

Je suis vivant, je ne suis donc pas mort d'amour, a dû penser le vieux Goethe.

En tout cas, la cure a été diablement efficace. Peut-être parce que la magie de l'oralité est toujours à la source des émotions humaines, parce que la mélodie et le rythme choisis rééquilibrent qui les écoute, les reçoit : on peut être calmé psychologiquement par une poésie. Là est le pouvoir roboratif d'une œuvre littéraire. La voix de Zelter, venue des confins du corps, a bercé le vieux poète comme un bébé.

Plus tard Zelter, évoquant la scène des lectures multiples, dirait : "La guérison est venue de la flèche qui l'avait blessé."

Bref, ce jour-là la souffrance a été vaincue. Le rêve d'une vie commune avec la jeune fille aimée fut enterré. Porté par la ressource miraculeuse de la poésie, Goethe s'est surmonté lui-même, il s'est remis au travail. Et ce sera bientôt *Faust*.

Faust est l'immense entreprise qui l'accompagnera jusqu'à la fin de sa vie. Mais ce n'est qu'à l'âge de quatre-vingt-trois ans, à la veille de sa mort, que le poète aura le sentiment d'avoir achevé enfin cette machine de guerre dressée contre la vieillesse.

L'essayiste Christine Jordis rapporte dans ses *Passions excentriques* l'aventure véridique d'un autre poète, David Gascoyne, sauvé de l'asile par ses propres vers : "Il avait épousé Judy Lewis, une femme généreuse, aussi terrienne et implantée dans le quotidien qu'il l'était peu, rencontrée à l'hôpital psychiatrique où elle faisait la lecture aux patients. Ce jour-là elle leur avait lu un poème de Gascoyne, « September Sun ». Au son de ses propres vers, cet homme jusque-là plongé dans une sorte de stupeur s'était animé, il avait affirmé « Ce poème est de moi ». Tout d'abord Judy pensa que c'était là un effet de son délire. Mais non, les mots du poème, tel le fil d'Ariane qui conduisit Thésée hors du labyrinthe, l'avaient ramené au monde et à la vie. Puis Judy le fit sortir de l'hôpital et elle l'épousa."

Dans *L'Art de lire ou Comment résister à l'adversité*, l'anthropologue de la lecture Michèle Petit rapporte d'étonnantes expériences littéraires dans des pays d'Amérique latine confrontés à des conflits armés, des crises économiques, des catastrophes naturelles. "Enfants, adolescents et adultes qui, jusque-là, avaient vécu au plus loin des livres se rassemblent autour de mythes ou de légendes, de poésies ou de bandes dessinées. Ils s'en saisissent pour résister à l'adversité et préserver un espace de rêve et de liberté."

Mais comment la littérature agit-elle pour nous apaiser ? Pourquoi tant de poètes tiennent-ils pour évident que la poésie est une "ambulance qui fonce dans la nuit pour sauver quelqu'un" ?

Lucie Guillet, une psychothérapeute française, lointaine cousine de Claude Bernard, chercha après-guerre à expérimenter les effets bénéfiques de la poésie sur le psychisme des nerveux. En 1946, elle publiait son essai sur la "poéticothérapie", et montrait comment soulager des patients psychiatriques par la poésie ou, plus exactement, par l'efficacité du fluide poétique. La praticienne, elle-même poète, couronnée par la Société des gens de lettres de France, se disait "sœur en névrose dépressive" de tous les souffrants.

Selon elle, le fluide poétique est la synthèse de trois puissants pouvoirs : le rythme, la sonorité et la pensée, qui sont aptes à réguler certains cas de phobies, d'anxiété, d'indécision, les idées noires, les angoisses, la mélancolie, le découragement… À ses yeux, le précieux fluide est également tout à fait capable de calmer les réflexes nerveux déclenchés par des maladies organiques, des chocs moraux, esthétiques ou sentimentaux.

Le rythme de la poésie est l'accord parfait de tous les rythmes humains. Il est la pulsation absolue. Il agit comme le cœur de la mère sur son bébé. Il est pourvu d'une énergie motrice. Il bouleverse profondément l'être. Comme l'influence bénéfique des vers dépend du nombre de leurs syllabes et de la place de la césure, Guillet utilise surtout les alexandrins et les décasyllabes.

Voici ses commentaires :

6 + 6 : excellent régulateur

4 + 4 + 4 : excellent calmant

4 + 6 : moins actif que 5 + 5

Elle étudie également les effets des mélanges de mètres différents. Tout mouvement rythmique est contagieux, explique-t-elle, et peut donc intervenir en "accordeur", en métronome, dans un déséquilibre nerveux. On peut obtenir une détente notable chez le patient par la récitation de strophes de trois alexandrins suivis d'un vers de six syllabes. Le rythme agit d'autant plus que le patient est vierge de culture littéraire, affirme-t-elle.

Pour Guillet, la poéticothérapie est largement supérieure à l'autosuggestion. Car faire répéter à un déprimé "Je vais mieux", c'est encore lui rappeler qu'il est en déficience. Or la diction du poème ne rappelle en rien les ressassements de l'automatisme. Elle est une véritable activité physique et rythmique, et non l'égrenage d'un chapelet, comme ces phrases à radoter des manuels d'aide psychologique.

La sonorité d'un vers est la somme vibratoire de ses notes parlées. Préférer les sons vifs et clairs en cas de dépression, la sourdine pour les irritables, les timbres vigoureux pour leur magnétisme d'entraînement si l'on a affaire à des apathiques. Le traitement est ici réalisé à haute voix par le patient lui-même, car seule l'énergie de l'auteur du poème doit pénétrer le malade ; le thérapeute doit se murer dans le silence…

Aux anxieux, aux timides, Guillet prescrit les vers au rythme sûr des poèmes à forme fixe : ballades, rondeaux, octosyllabes surtout.

Aux grands émotifs qui tressaillent au moindre souffle, elle conseille des alexandrins à césure médiane, à sujet descriptif, avec alternance régulière des rimes.

Contre les obsessions, Lucie Guillet a obtenu de bons résultats, par effet de dérivation : la lecture de strophes de rythme rapide, martelées à voix haute ou même en audition intérieure, permet de devancer l'agression de l'idée parasite. En appelant au secours les vers prescrits, on constate dans de nombreux cas que la récitation est venue opportunément interrompre une déprimante rumination.

Pour les épuisés, les mélancoliques, Guillet préconise une poésie de ligne unie, au sujet descriptif, sans psychologie sentimentale qui puisse évoquer leur personnalité : vers courts à l'allure rapide, pas de thème à l'exaltation intense.

À quels auteurs Guillet emprunte-t-elle les fragments qui soulagent ? À Corneille, pour son côté stimulant, tonique, ses vers rythmés et mémorisables ; à Racine, dont la bonne musique équilibre les irritables ; à Boileau, remarquable régulateur pour instables et agités ; à La Fontaine, elle réclame un sursaut d'énergie, idéal pour le déprimé, lui permettant de recouvrer maîtrise et ordre. Victor Hugo a une œuvre toujours radiante d'énergie ; Lamartine a le pouvoir d'équilibrer la douleur, par son bercement doux et gracieux, par la caresse amoureuse de ses sonorités. Ses vers sont mélancoliques, certes, et parfois désolés, mais toujours apaisants :

> *Ne pourrons-nous jamais sur l'Océan des âges*
> *Jeter l'ancre un seul jour ?*

Baudelaire est un coup de fouet, qui agit sur l'atonie. Des invectives de Verlaine ont fait merveille sur des épisodes de toux spasmodique, forme rudimentaire d'angoisse, après la mort d'un proche. On voit que les poèmes guérisseurs élus par Lucie Guillet ne sont guère moralisateurs.

Elle inventa également la cure d'isolement par la poésie. Pour s'isoler dans un groupe, se réciter mentalement une strophe de Hugo. Retrouver l'exactitude des mots, maintenir l'oscillation du rythme malgré l'ambiance trépidante de telle soirée mondaine où l'on est en train de piquer une crise de panique. Recouvrer son rythme malgré l'arythmie ambiante. Cette forme d'isolement poétique permet aux paniqueurs d'oublier les petits incidents organiques ou cardiaques. La poésie facilite en effet l'évasion loin des faux pas et des à-coups des palpitations terrifiées.

Une fois que l'harmonie intérieure a été restaurée par les bonnes vibrations et les bons rythmes, cesser le traitement. Le reprendre seulement si la panique réapparaît : alors ne pas se laisser emporter dans son aura, mais se réciter intérieurement les vers qui sauvent, par exemple ces strophes aux rimes toniques :

> *Ce sont les cadets de Gascogne*
> *De Carbon de Castel-Jaloux,*
> *Bretteurs et menteurs sans vergogne,*
> *Ce sont les cadets de Gascogne*

Rostand en a sauvé plus d'un de la terreur !

ENTENDRE SHÉHÉRAZADE

Trop de beaux-arts donnent la nausée. Dans un grand musée, on peut faire l'expérience de la triste stupéfaction, de l'admiration désespérée qu'on peut éprouver parfois devant la beauté. Ce malaise se nomme syndrome de Stendhal.

Les médecins du XIXe siècle relèvent des troubles du comportement, des épuisements, des vertiges, chez les touristes visitant l'Italie. Ils contemplaient pour la première fois les chefs-d'œuvre de la Renaissance et souffraient de ces merveilles qui les rendaient sinon hallucinés, du moins insomniaques. Stendhal, touriste considérable, avait connu cet état, visitant Florence, et prit ces notes dans son journal daté de 1817 : "J'étais arrivé à ce point d'émotion où se rencontrent les sensations célestes données par les beaux-arts et les sentiments passionnés. En sortant de Santa Croce, j'avais un battement de cœur, ce qu'on appelle des nerfs, à Berlin. La vie était épuisée chez moi, je marchais avec la crainte de tomber." Car il y a dans ces chefs-d'œuvre colossaux quelque chose qui submerge, alors, au lieu d'être une révélation et une découverte, l'expérience esthétique devient chaotique et déroutante, un vrai cauchemar.

Pour les médecins florentins, encore aujourd'hui appelés d'urgence auprès de touristes affolés par la présence inouïe de l'art, le syndrome de Stendhal peut prendre diverses formes, de la crise d'angoisse à la bouffée délirante aiguë. Les hospitalisations en psychiatrie ne sont pas rares après une confrontation directe avec l'œuvre d'art. On dit que le *David* de Donatello a vu des voyageurs se déshabiller devant lui, désinhibés, possédés. Le *Bacchus* du Caravage a lui aussi beaucoup ému, provoqué des évanouissements.

Stendhal, pour sa part, a su recourir à l'aide de la poésie pour élaborer son émotion artistique, pour la sublimer. En sortant de Santa Croce, il se dirigea vers un banc, s'y affala et tira de son portefeuille les vers du poète Ugo Foscolo. Pour se remettre, il lut et relut ces vers avec délice. Leur rythme l'aida à sortir de son trouble. Car il avait besoin, expliqua-t-il, de la voix bien timbrée d'un ami partageant son émotion.

Les vers qu'il lisait n'avaient aucun défaut à ses yeux. Le temps et la mort y étaient abolis. Ils nommaient avec grâce ce qui avait manqué le rendre fou, ce cœur à la cadence démoniaque, caché dans certaines œuvres d'art.

Que s'est-il passé entre Foscolo et Stendhal ? Qu'advient-il quand un livre a rendez-vous avec son lecteur ? Comment lire a-t-il une répercussion sur nos états d'âme, sur notre santé ?

Virtuose de la lecture talmudique et biblique, connaisseur des théories contemporaines de la lecture, grand lecteur de Paul Ricœur, Marc-Alain Ouaknin explore dans *Bibliothérapie. Lire, c'est guérir* ce qu'il appelle la force du livre, en introduisant la notion de mouvement dans le langage. Travail de libération et d'ouverture, la bibliothérapie consiste selon lui à rouvrir les mots à leurs sens multiples et éclatés : "La parole de l'autre dynamise notre univers psychique" et nous transmet des émotions que nous ressentons à notre tour, permettant ainsi à chacun de s'inventer, ou plutôt se réinventer.

En exergue de son ouvrage, Ouaknin a convoqué Jean-Marie Le Clézio : "Ces trois étapes qui arrachent l'homme indien à la maladie et à la mort seraient-elles celles-là mêmes qui jalonnent le sentier de toute création : Initiation, Chant, Exorcisme ? Un jour, on saura peut-être qu'il n'y avait pas d'art, mais seulement de la médecine."

Un livre est donc cela : un cérémonial de guérison magique. D'ailleurs, quelque chose qui détermine en vous un changement profond, dans un choc presque physique, un frisson d'excitation qui dilate votre sensibilité à tel point que vous vous mettez à observer les objets familiers comme si vous les voyiez pour la première fois, ne peut qu'être magique. Le mot n'est pas trop fort car Sigmund Freud lui-même établit ainsi l'action du mot comme outil essentiel du traitement psychique : "Le profane trouvera sans doute difficilement concevable que des troubles morbides du corps ou de l'âme puissent être dissipés par la « simple » parole du médecin. Il pensera qu'on lui demande de croire à la magie. En quoi il n'aura pas tout à fait tort : les mots de nos discours quotidiens ne sont rien d'autre que magie décolorée."

Lire est donc expérimenter la rencontre formidable entre la force langagière qui n'est plus abandonnée aux magiciens, aux prêtres, et le lieu d'expression primordiale de cette force, le livre.

Aristote, dans sa *Poétique*, définit ainsi la catharsis : par le langage, une personne peut communiquer des affects à une autre personne, l'influencer, la convaincre, l'émouvoir... De la parole de l'autre peuvent naître chagrin, terreur, angoisse, joie, enthousiasme... Selon le Stagirite, la tragédie nous permet d'expérimenter la pitié et la crainte, ainsi que la purgation qui accompagne le vécu de ces troubles. Tout comme la tragédie, la lecture donne accès aux mêmes émotions que "la vraie vie". Mais comme cette expérience se vit à travers le prisme d'une représentation esthétique, elle est dépourvue de violence et de douleur. Il semble qu'on puisse remplacer la scène théâtrale par la scène littéraire, dit Paul Ricœur : "La lecture solitaire remplace de nos jours la réception festive de la narration épique ou tragique."

Déchargés "de leur force nocive, l'effroi et la pitié deviennent des émotions esthétiques à la source d'une joie sereine", conclut Ouaknin. Cette propriété cathartique est l'un des pouvoirs thérapeutiques du livre. Par les modifications psychiques qu'il suscite, le livre peut offrir une "sécurité émotionnelle".

Quels maux soigne la lecture ?

Pour Ouaknin, si l'on est déprimé et ruminant, c'est parce qu'on a perdu la faculté d'anticiper, c'est-à-dire de se projeter dans l'avenir. Les maladies de l'esprit seraient donc des "chronopathies". Mais le récit, pendant le temps de la lecture, réhabilite la capacité d'anticipation. Le récit accompagne le lecteur en projetant une temporalité nouvelle, il est porteur de temps.

De plus, lire propose de nouvelles interprétations du monde, change le monde. Ouaknin explique avec Ricœur comment le monde de la lecture (et de l'écriture) est un véritable laboratoire dans lequel nous essayons de nouvelles configurations possibles de la pensée et de l'action, pour en éprouver la consistance et la plausibilité. "Nous ne nous comprenons que par le grand détour des signes de l'humanité déposés dans les œuvres de culture, écrit Ricœur. Que saurions-nous de l'amour et de la haine, des sentiments éthiques et, en général, de ce que nous appelons le Soi, si cela n'avait pas été porté au langage par la littérature."

La lecture est une projection du texte comme monde. Ce "monde du texte" entre alors en "collision avec le monde réel, pour le refaire".

La compréhension du récit produit page après page de nouvelles interprétations par lesquelles nous reconstruisons le monde qui nous entoure. L'interprétation en soi est une thérapie, dit Ouaknin, qui illustre cette théorie en mettant en scène le duo Shahryar-Shéhérazade des *Mille et Une Nuits*.

Shahryar est le malheureux, le fou, le ruminant. Il est le malade. Shéhérazade est la bibliothérapeute par excellence. Shahryar a surpris sa femme avec un esclave noir. Il les a tués tous les deux. Depuis, chaque nuit, il s'est emparé d'une vierge, qu'il a fait exécuter le matin suivant, répétant inlassablement le même acte, comme s'il était prisonnier de ce cercle.

En hébreu, maladie se dit *mahala*, de la racine *mahal* signifiant "faire un rond, tracer un cercle". Pour sortir de la maladie, il faut sortir de l'enfermement, briser le cercle affreux.

Par sa voix qui répand des fictions, Shéhérazade va détourner l'esprit du roi de l'obsession haineuse qui le garde prisonnier. À celui qui ne dort plus, elle va redonner la force du rêve. La voix de Shéhérazade produit l'oubli en Shahryar. "Comprendre un texte, c'est se comprendre devant le texte", écrit Paul Ricœur. Et entendre Shéhérazade, c'est s'entendre de nouveau soi-même devant la voix merveilleuse de l'autre.

Pour Ouaknin, la guérison a été donnée par l'énergie créatrice de Shéhérazade, par les mille détails de son discours, par la richesse de son vocabulaire qui contraste tellement avec la scène unique, pauvre et pétrifiante du traumatisme. La guérison de Shahryar, c'est le dynamisme de la pensée de Shéhérazade. Par elle, Shahryar est débloqué, déverrouillé, il peut repartir pour l'inépuisable quête de lui-même. Le voilà de nouveau en devenir. C'est d'ailleurs cet incessant devenir, synonyme de santé, qui nous interdit de relire jamais le même livre!

LIRE : UNE SCULPTURE DE SOI

LE TEXTE LITTÉRAIRE travaille à la restauration du lien avec autrui. La lecture répare, elle qualifie, elle affirme, elle confirme, elle projette dans le futur ou dans le passé, elle sublime, elle explore, elle identifie, elle éduque, elle crée. Le livre est ce lieu psychique qu'on appelle "espace transitionnel" (D. W. Winnicott), où se jouent les échanges entre le monde psychique (le for intérieur) et le monde extérieur. C'est pourquoi le rôle de la lecture en milieu hospitalier ou auprès de groupes sociaux en difficulté (détenus, alcooliques, drogués en réinsertion, sujets âgés ou handicapés chez qui l'on porte des documents à domicile…) est fondamental. Cependant, il n'y a pas en France de formalisation de cette pratique thérapeutique. L'empirisme semble dominer, alors que, chez les Anglo-Saxons, la chose est claire depuis longtemps : la bibliothérapie est l'usage guidé de la lecture, en gardant à l'esprit qu'un résultat thérapeutique est attendu.

La bibliothérapie semble être pratiquée depuis longtemps en Europe, notaient pourtant J.-C. Barreau et B. Pingaud dans leur rapport de 1982 au ministre de la Culture. Mais de quoi parle-t-on ? L'objet est encore très mal défini. Il semble en effet que, du moment que le support thérapeutique a la forme d'un codex, on s'autorise à parler de bibliothérapie. À l'extrême, elle peut concerner la lecture de simples notices. C'est le cas d'une enquête médicale menée en Belgique sur des patients souffrant d'éjaculation précoce, qui furent nettement améliorés par ce que les médecins nommèrent sérieusement bibliothérapie. Non la méditation quotidienne des *Onze Mille Verges* d'Apollinaire mais celle d'un fascicule prodiguant explications et conseils sur la maladie. D'une manière générale, la bibliothérapie ressemble encore trop souvent à cela. On pourrait suggérer de réserver ce nom de bibliothérapie créative (ou de poésie-thérapie) à la seule pratique d'inspiration littéraire et artistique.

En France, même si nous sommes conscients de la nécessité de développer la lecture publique à l'hôpital, il existe bien trop peu d'expériences officielles de bibliothérapie, car les tentatives qui se dessinent pour mettre en place une collaboration thérapeutique exigeraient sans doute des bibliothécaires une formation complémentaire en matière de santé… Pourquoi ne réagissent-ils pas ? Est-il vraiment nécessaire d'attendre qu'ici aussi les médecins prennent la situation en charge? Si les bibliothèques continuent de dormir sur le trésor, ils seront pris de court, accusés peut-être d'exercice illégal de la médecine, du jour où ils prendront conscience de la nécessité d'élargir leur champ d'action!

Chacun de nous ne devrait-il pas, au plus tôt, se consacrer à ce que Michel Foucault nommait "le souci de soi", sachant que "souci" et "soin" ont la même étymologie? Pour Foucault, il faudrait consacrer chaque jour un temps à "la culture de soi". À l'instar des philosophes stoïciens, il préconise de réserver, le soir ou le matin, quelques moments au recueillement, à l'examen de ce qu'on a à faire, à la mémorisation de certains principes utiles, à l'examen de la journée écoulée. Sénèque, Épictète, Marc Aurèle ont tous trois fait référence à ces moments qu'on doit consacrer à se tourner vers soi-même.

S'occuper de soi n'est pas rien : il y faut des exercices du corps, un régime diététique, des tâches pratiques. Il y a aussi, et surtout, les méditations, les lectures… Pour garder notre maîtrise face aux événements qui peuvent se produire, dit Foucault, nous avons besoin de discours vrais et raisonnables, que Plutarque compare à des médicaments. Mais comment faire en sorte qu'ils se présentent d'eux-mêmes en nous quand cela s'avère nécessaire? Il faut les mémoriser, les répéter. Foucault examine avec précision les méthodes utilisées pour l'assimilation de ces médecines de l'âme. Car il s'agit bien, par des techniques préconisées par les stoïciens ou les épicuriens, d'"armer le sujet d'une vérité qu'il ne connaissait pas et qui ne résidait pas en lui". Cela peut se faire par "les notes qu'on prend sur les livres ou sur les conversations entendues, et qu'on relit par la suite, la remémoration des vérités qu'on sait déjà mais qu'il faut s'approprier mieux encore". Et dans cet exercice incessant de lecture et de relecture des citations cochées, la copie vient occuper une place remarquable. Car recopier, c'est faciliter la mémorisation. Il faut souvent écrire une phrase pour mieux se nourrir de ses principes actifs.

Je préconise d'ailleurs en atelier de bibliothérapie la copie de certains paragraphes particulièrement apaisants, nourrissants… Recopier, c'est lire de tout son corps ; recopier quelques vers d'une poésie vaut le coloriage d'un mandala. Bien sûr, l'exercice a eu entre-temps une résonance cruelle de punition scolaire. Mais au-delà de la torture sadique, on peut vraiment y reconnaître une activité bénéfique, car on n'assimile pas ce que l'on n'a pas recopié. Et puis la caresse sur le papier, le tranchant de la main effleurant la feuille, ce n'est pas rien. Certains cahiers au papier velouté, blanc au point de fermer les yeux, et soigneusement cousus, sont d'une grande douceur de page. Cette douceur, comme celle des lainages, des tapis, des éponges, se mesure en grammes par mètre carré. Véritables couches où l'on va pouvoir s'étendre.

Prudence toutefois… Ni la lecture, ni l'écriture, ni la copie ne devraient être des abandons à une douceur de plume, car l'essentiel est tout de même d'être réveillé par un livre.

Après des heures de somnolence sur son sofa, à cause de la fièvre, l'hiver 1904, Kafka dolent écrivit pourtant à son ami Oskar Pollak : "On ne devrait lire que les livres qui vous mordent et vous piquent. Si le livre que nous lisons ne nous réveille pas d'un coup de poing sur le crâne, à quoi bon le lire ? Pour qu'il nous rende heureux, comme tu l'écris ? Mon Dieu, nous serions tout aussi heureux si nous n'avions pas de livres, et des livres qui nous rendent heureux, nous pourrions à la rigueur en écrire nous-mêmes. En revanche, nous avons besoin de livres qui agissent sur nous (…) – un livre doit être la hache pour la mer gelée en nous. Voilà ce que je crois."

Est-ce une coïncidence si Thomas Bernhard, malade chronique, lui aussi des poumons, fait l'apologie du livre qui secoue et ranime : "Lisez donc mes livres, c'est un amoncellement de millions de chocs. C'est un alignement non seulement de phrases, mais d'impressions de choc. Un livre doit être aussi un choc…"

Le négatif est également très épanouissant! Les génies mélancoliques, les semeurs de merde, les Cioran, les Thomas Bernhard, qu'on ne me fasse pas croire qu'ils n'ont aucun effet roboratif! Or on ne peut guère être choqué par des livres qui ne sont que stéréotypes, phrases convenues… On ne peut être ranimé par des livres blancs, comme le dit Michel Serres, par des "infra-livres", lisses, gommés : "On lit parfois des pages vides, si légères de sens qu'elles circulent aisément. (…) Pages blanches, nulles de sens, indéterminées, elles sont la pure capacité. L'argent est l'équivalent général, il vaut tout et il vaut soi-même, l'argent est le joker, il a toutes les valeurs, il a tous les sens pour n'en avoir aucun (…). Le texte le plus proche de l'argent est le texte le plus blanc."

Il vaut mieux éviter le blanc si l'on veut être un lecteur actif, développant un travail psychique, renouant un lien avec ce qui le constitue. On ne reconstruit pas une représentation de soi avec du blanc. Pour que la lecture recrée une aire transitionnelle entre l'intériorité souffrante et le monde extérieur, il y faut des matériaux solides, épais, terribles, auxquels on puisse se confronter, voire s'opposer de toutes ses forces.

Thomas Bernhard, encore, cité par Michèle Petit dans *Éloge de la lecture*, a bâti sa planche de salut à l'aide des *Démons* de Dostoïevski, roman qui narre avec une ironie effrénée le destin de quelques possédés, des hommes malades, ivrognes, violeurs, dans un inventaire sans pitié des faiblesses humaines à l'origine du terrorisme, du totalitarisme : "J'avais été touché par une œuvre littéraire furieuse et grande afin que j'en surgisse moi-même transfiguré en héros." Sursaut d'énergie! Dostoïevski aide au processus de guérison, accentue le désir d'indépendance.

L'écriture est un art violent.

Qu'on pense seulement quelle activité vigoureuse, sinon violente, il fallait déployer autrefois, par exemple dans les scriptoriums médiévaux, pour marquer cette surface physique qu'est la peau d'un animal. Il fallait la briser, la malmener, la blesser pour ainsi dire, avec un instrument particulièrement pointu. Le copiste attendait au-dessus d'un macchabée de bestiau que le visible enfin se libère. Et tout projet d'effacement impliquait qu'on malmenât plus encore la surface : les scribes, dans leur effort pour effacer les parchemins, devaient recourir aux pierres ponces et autres grattoirs. L'écriture représentait donc toujours un exercice physique éprouvant, écorchant forcément la surface sur laquelle il se pratiquait. Écrire procédait d'une chirurgie invasive. L'écrivain était un bon boucher. Et c'est de cette boucherie que naissait la mémorisation parfaite des textes.

La liseuse, l'écran ne peuvent pas de la même manière faire entrer en nous le texte, au plus profond du corps. Quand j'écris ou lis à l'écran, je n'ai plus besoin de toucher pour sentir, j'effleure seulement. Mon écrit est de la graine de traces. Il est eau. L'écriture aujourd'hui, moderne poétique de la peau, n'écorche plus le papier. Fi des parois scarifiées. Elle se tient loin du manuscrit, du parchemin, de cette peau de veau mort-né, encore sanguinolente, dont le vélin tira sa palpitante origine. Elle n'est plus une écriture mordeuse de chair, qui tatoue le texte sur la peau des livres – et c'est pourquoi elle se mémorise si mal. Elle dit qu'il n'est plus nécessaire de faire saigner la peau pour que l'écriture suinte vive, elle procède virtuellement, elle s'inscrit à l'écran liquide.

La lecture à l'écran est aujourd'hui un bain tiède. À quel prix pour le corps ?

D'où l'évidence d'allier bibliothérapie et atelier d'écriture, bibliothérapie et atelier de manuscription, pour des retrouvailles avec l'écriture à la main, avec la peau du papier. Il faut que le bibliothérapeute éveille des vocations, non pas de calligraphes, mais de carnettistes exhibant leurs citations et passages, les recopiant et les gueulant au besoin.

Écrire ou lire sans laisser de trace (écran *versus* papier) est d'une perfection toute chinoise… Mais je me pose la question de l'art de l'imprimeur, de celui de la typographie, dont Paul Valéry rend compte dans quelques pages rares, intitulées "Les Deux Vertus d'un livre" : "L'esprit de l'écrivain se regarde au miroir que lui livre la presse. Si le papier et l'encre se conviennent, si la lettre est d'un bel œil, si la composition est soignée, (…) l'auteur ressent nouvellement son langage et son style. (…) C'est un jugement très précieux et très redoutable que d'être magnifiquement imprimé."

Qui donc, dans le livre numérique tel qu'on le conçoit généralement aujourd'hui, rendra ce jugement "très précieux et très redoutable"? Car un lecteur ne lit pas seulement un texte, il appréhende un ensemble formé par la matérialité du papier, les proportions de la page, sa douceur, sa souplesse, son odeur, son format, son grammage, et également la dynamique de sa typographie, qui a une histoire séculaire. Je ne reviendrai pas sur les innombrables commentaires esthétiques à propos des polices de caractère, de leur parcours à travers les âges (merveilleux Garamond et Bodoni, porteurs et transmetteurs de tous les savoirs du monde…). Notons simplement que l'esprit du lecteur aussi "se regarde au miroir que lui livre la presse" de l'imprimeur et qu'il est sans doute bien imprudent de diffuser des ouvrages dits thérapeutiques (développement personnel, conseils…) plutôt mal écrits, souvent mal relus, et imprimés à moindre coût. Le texte seul n'existe pas. Le sens est aussi dans la forme. Comment imaginer en effet le compagnonnage de chaque jour avec un objet-livre qui ne ferait pas ce qu'il dit ?

DU SPORT EN PAGE

"À LA MAIN ou à la machine ? Clavier ou papier ? Le matin ou le soir ? Dans la cuisine ou sous la véranda ? Avec ou sans musique ?" Personne encore ne m'a demandé si je travaillais plutôt accroupie ou couchée sur le flanc, ou encore dressée sur le trépied formé de mes épaules et de ma nuque, tête en bas et mollets croisés, comme un yogi. Depuis l'expérience du pupitre scolaire, tous semblent convaincus qu'on ne peut penser et écrire qu'assis. On ne tient guère compte du corps de l'auteur, ramené à la posture de l'élève avachi.

Pourtant Nietzsche et Giono étaient des marcheurs et non des attablés. Ils entretenaient un foyer de mouvement dans la région des jambes. Pascal Quignard écrit dans son lit ; René Depestre se tient debout face à son lutrin ; quant à moi, je galope sur mon tapis de course qui sent le caoutchouc brûlé. Je jogge comme un hamster sur cette piste noire qui tourne sous moi. L'écrivain ne va nulle part, certes. Mais il y court. Il vit sur l'aile. Dans l'écriture comme dans le footing, le moi brûlant est la matière.

La marche a constitué le métronome primitif de l'art. La vitesse moyenne de la musique, le mouvement que l'on nommait jadis *andante* et que nous appelons *allegro moderato*, est mesurée par le *tempo di marcia* (cent à cent vingt à la minute). Virginia Woolf, attentive à toute idée qui remuait en elle, qui se formait, neuve, avec le cordon ombilical de l'inspiration première, dit la façon dont une minuscule semence, un embryon de trouvaille, agit sur le corps tout entier et rythme le mouvement des jambes. Car "si petite qu'elle fût, elle avait cependant, cette pensée, la mystérieuse propriété de toutes celles de son espèce. Replacée dans l'esprit, elle se révéla excitante et importante. Elle s'élança, s'enfonça, se précipita de-ci, de-là, suscitant un tel remous, une telle agitation intellectuelle qu'il me fut impossible de rester assise. Je me retrouvai donc en train de marcher d'un pas rapide sur l'herbe d'une pelouse."

Pour mon confort articulaire, j'évite quant à moi le macadam et les chemins creux. Le point de vue élevé d'où, chaque matin, je prends mon vol, vient probablement de chez Décathlon. Le petit moteur Solex qui entraîne le tapis sent l'ozone, comme les vieux batteurs à œufs. Jamais un poète ne parle de ses pieds, il ne parle que de ses ailes. Mes cothurnes à catadioptres me replacent sur orbite et, mue par une famine de griffer, de grapher, dans le vide pour commencer, je reprends mon périple, ma circumnavigation, les bras collés au corps. Je n'ai pas de bureau. Je prends mon essor grâce au petit moteur à transcendance qui bat maintenant son plein. J'écris depuis mon tapis roulant, volant. Je cavale. L'ordinateur ou la page blanche m'attendent au bord de la piste. Tout à coup je saute en marche. Je me penche sur une feuille et je griffonne. J'en profite pour m'étirer les muscles ischio-jambiers. Puis je me redresse. C'est comme au cirque, oui, le numéro de l'écuyère, qui saute de sa monture au galop, puis remonte, quand ça lui plaît, tandis que la bête sans elle a continué de courir en rond, autour de son invisible noria.

Je pense à Pierre Guyotat : "Quand je faisais encore de la « littérature », je n'utilisais pas mes fonctions organiques, cœur, poumons, gorge, etc. (…) Il faut, pour lancer la machine à verbe, solliciter le cœur, il faut l'entendre, entendre son battement." Une tachycardie d'effort, c'est un tremplin furieusement vivant pour contraindre l'esprit, pour obliger l'inspiration à venir! Une mécanique de l'enthousiasme! Une dynamogénie!

Le corps de l'auteur : les poumons, le diaphragme, la gorge, la cavité buccale, les muscles de la langue, certes, mais aussi les cuisses et le périnée et les triceps et toute la clique athlétique.

L'homme bat. L'auteur bat parce que ses principaux organes, ses bras, ses jambes, ses yeux, ses oreilles, lui ont été donnés par paires. L'homme balance. L'auteur se régularise en rythmes. Dans la récitation, dans l'épopée, était engagé le corps entier. Mais dans la phase moderne de l'écriture jouent parfois seulement des mouvements infimes de l'œil, de la main, de l'oreille, au lieu des amples mouvements des membres et du corps : c'est le style manuel, juge André Spire avec rudesse. Ces écrivains dactylographes finissent par ne plus penser qu'avec le bout de leurs doigts. Ici le mot n'offre presque plus de résistance à la main ou à l'œil qui glisse sur la page. Le mot écrit et lu n'est plus la chose elle-même, ou l'émotion ressentie à l'occasion de la chose. Il n'est plus qu'une étiquette, un signe désincarné, algébrisé…

Dans *Plaisir poétique et plaisir musculaire*, André Spire étudia l'écrivain qui marche sa pensée, dans sa chambre ou dans la campagne. Gesticulateur et mime, le "verbo-moteur" se frotte les mains, se promène de long en large, bat la mesure, grommelle. Et peu à peu, sous cette impulsion régulière, le flot des paroles et des idées commence à jaillir. Pas de spiritualité sans la fête des muscles. Écrire, c'est jouer à grimper l'escalier quatre à quatre. Enfant, tout le bonheur résidait dans les cuisses. Rimbaud aussi était un marcheur : "Par les soirs bleus d'été, j'irai dans les sentiers…" Les cent pas, le va-et-vient, et surtout, être assis le moins possible.

Montaigne a ainsi engendré le Nietzsche péremptoire, qui se moquait des culs de plomb : "Seules les pensées qui vous viennent en marchant ont de la valeur." Julien Gracq aussi fut un adepte de la marche comme adjuvant à un traitement mécanique de la phrase, "une espèce de blutage" : "La phrase (…) à la fin de la promenade – tournée et retournée le long du chemin – s'est débarrassée souvent de son poids mort. En la comparant au retour avec celle que j'ai laissée écrite, je m'aperçois quelquefois qu'il s'est produit des élisions heureuses, un tassement, une sorte de nettoyage."

Selon Spire, quand je gigote en parlant, c'est le corporage de la phrase. Quand je parle en gesticulant, mes mains deviennent souples et modelantes, c'est le manuélage de la phrase. Quand j'écris en m'accompagnant de mouvements vifs du visage et de la gorge, de mouvements laryngé-buccaux et d'émission de voix, c'est le gueulage de la phrase.

Flaubert disait qu'il faut écrire une phrase que le corps a balancée. De bons orateurs marquent leur texte de leurs muscles et pas seulement de leur plume. Le prof, quand il est saisi par la pensée qui l'anime, abandonne ses notes, alors son corps se balance. Ce balancement est la force oratoire qui bercera son auditoire. L'expression humaine ne doit pas se réduire au crissement du stylo. Il lui faut le libre jeu du corps.

Pensons à nos élèves, assujettis à leur pupitre.

"J'écris à corps perdu", disait Kierkegaard avant de camper la figure de Johannes Climacus, héros d'*Il faut douter de tout*. C'est la vie qu'il menait dans la maison paternelle qui contribua à développer l'imagination du garçonnet Johannes et à le rendre philosophe, tout entier réflexion, du commencement à la fin. Le père de Johannes lui refusait souvent la permission de sortir. Mais, parfois, en manière de compensation, il lui offrait de le prendre par la main et de faire une promenade ensemble, en arpentant le parquet de la pièce. Johannes était libre de choisir le lieu de la destination. Il optait pour la porte de la ville, pour un château du voisinage. Alors, tout en allant et venant sur le parquet, le père décrivait tout ce qu'ils voyaient, ils saluaient les passants, les voitures les croisaient à grand fracas et couvraient la voix du père, qui racontait avec tant d'exactitude et de vie, de façon si présente, si minutieuse et évocatrice, qu'après une demi-heure de cette promenade, dans un salon grand comme un mouchoir de poche, l'enfant était recru de fatigue, comme s'il avait passé toute la journée dehors.

Climacus est Kierkegaard. Même besoin d'excitation musculaire dans la création chez le philosophe adulte, qui travaillait une grande partie de la nuit. On pouvait le voir, depuis la rue, arpenter longuement les pièces illuminées de ses vastes appartements. Dans chaque chambre, il avait fait disposer une écritoire et du papier, de façon à pouvoir noter, au cours de son interminable promenade, les phrases qu'il venait de composer en marchant.

Le mot est une foulée. Nietzsche conseillait de ne pas ajouter foi à une idée qui ne serait pas venue en plein air, alors qu'on se meut librement. "Il faut que les muscles eux aussi célèbrent une fête." L'écriture vient aux cerveaux oxygénés. Malherbe recommandait d'aller écouter les crocheteurs. Ces gens parlaient leur travail athlétique, ils lançaient et attrapaient et portaient les mots, ils fabriquaient leurs phrases au cours d'un effort musculaire, pendant que le rythme des battoirs, dans les lavoirs, scandait la rumeur des femmes, leur mémoire et leur imaginaire.

Un texte est sans assise. Il n'a jamais de base stable. Il est fait pour être lu comme on bouge. Un texte n'aurait d'existence que sous trois formes, et toutes mobiles : à l'état de composition quand on le rumine et le fabrique ; à l'état de diction ou de lecture ; à l'état martelé, par la course ou par le battoir des femmes, c'est du pareil au même.

Où est notre corps propre tandis que nous lisons ? Il s'affaire. Il estime le degré de corporéité du texte, il apprécie comment tel chapitre joue avec son savoir kinésique, le flatte ou, au contraire, le tourne en dérision jusqu'à l'oppression, jusqu'au vertige. Le corps et l'esprit du lecteur ne sont pas dissociables. C'est pourquoi un livre peut bouleverser, transformer, régénérer, soigner, secouer, tant par son sujet que par son écriture, ou même par son support. Tout écrivain – tout lecteur – chante, on chante toujours quand on pense. Quand on se croit immobile, des mouvements involontaires du larynx accompagnent toujours la pensée, même apparemment silencieuse.

Au commencement étaient les pleureuses : balancements du corps, manœuvres articulatoires des gémissements. Au commencement étaient les poèmes confiés à la mémoire musculaire des lèvres, des palais, des gorges, des diaphragmes. Les rhapsodes, dans leurs improvisations, à la fois attendues et créatrices, les endeuillés, les enfants, tous se balançaient. On se balançait, les mouvements du corps soutenant les tours de la langue. C'est ce rythme musculaire, mémoire des fibres contractiles, qui est le support des longs poèmes de l'épopée. Cette sensation d'aisance, de parfaite liberté donnée par les souples mouvements de muscles entraînés, exalte, augmente les forces de l'être tout entier. Le prophète et le rhapsode éprouvent encore des jouissances buccales quand les mots leur emplissent la bouche. Plaisir musculaire de la diction, mais aussi tactile et gustatif.

Et même quand nous écrivons ou lisons, sans bouger, assis à la table ou allongés, nous parlons encore, même si on n'entend aucun son, juste un léger frémissement des lèvres.

Toute pensée s'accompagne de micro-contractions musculaires. Chez le lecteur comme chez l'écrivain, on lit ou on écrit en bougeant. La pensée pure, l'esprit pur n'existent pas. Même quand le flot des paroles cesse de jaillir, on parle encore, d'une parole intérieure, qui n'est pas simplement mentale. On articule ses mots, les souffle à peine, parfois si faiblement qu'on n'entend aucun son, ne voie qu'un léger frémissement des lèvres, d'ascension de la saillie du larynx.

LIRE EST UNE ART-THÉRAPIE

On disait jadis que, pour un malade alité, l'activité de lire est comme une promenade en forêt, il en est pareillement essoufflé. La lecture exalte physiquement, comme une vraie randonnée qu'on vivrait en conscience, le lecteur étant celui qui a un compas dans l'œil, capable d'estimer les distances, l'espace, le volume, l'intensité, la pression, la vitesse et la chaleur des choses écrites. Ce lecteur qui vit dans son corps le mouvement, l'intensité, le poids et la chaleur des choses ne lit pas avec ses pupilles. De même qu'on n'assiste pas, avec les yeux, à une chorégraphie.

À ceux qui douteraient encore de l'importance dynamique de la lecture, je suggère l'essai de Marielle Macé, intitulé *Façons de lire, manières d'être*, qui nous éclaire scientifiquement sur la part physiologique de la lecture : "L'expérience concrète du sens a une véritable dimension motrice, et pas seulement intellectuelle. « Regardant » faire ou penser des personnages, nous esquissons en effet des gestes ou des quasi-gestes ; (…) la compréhension n'est pas inerte, elle consiste justement à activer en nous des « simulations » gestuelles (…)." Marielle Macé révèle ensuite que, dans les études conduites autour des "neurones miroirs", on fait l'hypothèse que la lecture d'un verbe qui montre un corps en mouvement ou simplement celle du nom d'un outil activeront les mêmes états mentaux que le fait de courir ou d'accomplir effectivement telle ou telle action. Au fond, lire un mouvement, c'est déjà le simuler. On en conclura donc avec Marielle Macé que la lecture la plus apparemment passive est en fait une occupation terriblement active.

On comprendra d'autant mieux pourquoi lire à haute voix est une activité physique intense. La lecture à voix haute est tout particulièrement réparatrice, d'où son intérêt dans l'activité du bibliothérapeute, car elle peut même devenir une art-thérapie.

L'art-thérapie met les patients en situation d'être créateurs malgré tout, elle accompagne les personnes en difficulté (psychologique, physique, sociale, existentielle…) à travers leurs productions artistiques : généralement œuvres plastiques, sonores, théâtrales, littéraires, corporelles, ou encore dansées. Ce travail subtil permet au sujet de se recréer lui-même, se créer de nouveau, dans un parcours symbolique, de création en création. Or il me semble urgent d'ajouter la lecture à haute voix à cette liste d'actions réputées artistiques. Lire à haute voix est aussi pur acte de création.

Posons d'emblée un point capital de l'attitude du bibliothérapeute accompagnateur de ces véritables créations vocales : qu'il ne s'intéresse surtout pas à l'intelligibilité de l'énoncé, à la qualité de la déclamation, à l'harmonie du souffle, car il ne ferait alors que repérer les défauts habituels de la lecture à haute voix, défauts que l'on gagne à l'école primaire et dont on se défait très difficilement, sauf à prendre des cours de théâtre…

Car c'est la mise en œuvre de la voix, c'est-à-dire l'acte même de lire, sur quoi doit porter la communication entre le bibliothérapeute et le lecteur. Et il faut différencier avec soin les moments où le bibliothérapeute lit lui-même un texte à haute voix à destination de son auditeur et celui où le lecteur mêle à sa lecture tout le côté organique de sa propre voix, de son souffle, de ses abdominaux, de son diaphragme… C'est à ce prix qu'il va retrouver l'élan vital dans le désir de créer la colonne d'air qui portera ce texte. Comme dans toute art-thérapie, ce qui compte est le dynamisme que la création met en œuvre, c'est-à-dire le traitement par la personne elle-même de ses troubles.

Dans tous les cas, faire travailler le souffle, c'est encourager les forces de vie face à l'épreuve, c'est aider la personne à "se retrouver", dans l'intimité du texte qui caresse sa gorge, qui descend profondément dans son ventre. Ainsi, la lecture à haute voix n'a rien à voir avec le théâtral, le scolaire… Elle met en contact, par l'intermédiaire d'un texte littéraire aux qualités stylistiques autant que vibratoires, avec le plus profond de l'organique.

Il s'agit pour le bibliothérapeute d'en demander juste un peu plus, en tenant compte des capacités de la personne. Se contenter de peu, certes, mais toujours tenter d'aller plus loin… Tenir en particulier compte de la fatigue et des difficultés de concentration. Dans un atelier de lecture à voix haute destiné à des sujets âgés en maison de retraite, on suppléera d'abord aux handicaps, aux inhibitions et aux incapacités premières qui empêcheraient tout début de réalisation, grâce à des livres en gros caractères, des liseuses… Là, le bibliothérapeute peut par exemple accompagner la lecture en lisant une ligne, puis laisser le lecteur poursuivre, en un jeu de réponses, de toi à moi. Mais il est parfois nécessaire d'accepter dans un premier temps de rester à écouter ces voix ou à regarder les postures d'écoute des autres membres de l'atelier, sans rien tenter de plus, en n'étant ni impatient ni volontariste. Après tout, on ne dirige pas une chorale, même si les effets positifs de la lecture à haute voix sont, sur les plans physique et psychocognitif, similaires à ceux du chant.

On associera cette lecture à des émotions sensorielles, en commençant par une découverte du contact avec des papiers différents, des couvertures aux textures opposées, des odeurs (que de voyages nous avons faits dans la colle des livres!), des couleurs, qui souvent font remonter les souvenirs, et raniment. Ce réveil, on l'appelle aussi restructuration psychique, nouvelles connexions neuronales, développement de la réceptivité et de la concentration, renforcement de la confiance en soi…

Pour explorer les livres, la vue, la main, l'ouïe (écouter les voix des autres et la sienne propre), l'olfaction sont des entrées en matière qui peuvent mener vers une activité créatrice. L'intervenant qui a des réelles capacités relationnelles ne se mettra pas en avant, envahissant l'espace sonore, comme c'est si souvent le cas dans des séances de lecture à haute voix par le médiateur, peut-être pour combler le vide. Certes, la lecture à voix haute par un comédien, un bibliothécaire, un animateur est un moment fondamental de la relation, mais pas dans ce cas.

Et puis, comme dans tous les ateliers où quelque chose s'est produit, quelque chose de si intime que c'en est justement indicible, il est préférable de se livrer à un petit rituel de fin : ranger les livres, se les passer pour les remettre sur le chariot, toucher dans ce geste la main de l'autre sont des moments très émouvants. Par ce contact, la chaleur affective passe alors de l'un à l'autre et poursuit l'action apaisante de la voix. De séance en séance il y aura répercussion dans la personne, avec des signes positifs de transformation. Pour être pleinement bibliothérapeute, il suffira de regarder la vieillesse ou le handicap comme une source de poésie et de créativité, d'inventivité, et non comme un obstacle ; d'observer ce qui est donné affectivement à travers les livres, comment les lecteurs très âgés s'intéressent à la voix, au livre, plutôt que d'en rester à la perte, aux formes de vie intellectuelles et sociales qu'ils ne pourront plus jamais pratiquer.

En entretenant le langage verbal des sujets âgés, leur mémoire, leur esprit et leur corps, il est encore possible de mobiliser les forces de vie qui continuent de réagir à la catastrophe du vieillissement. Les scientifiques savent depuis peu que, contrairement aux idées reçues, le cerveau humain est capable de neuroplasticité à tout âge. Les activités créatives facilitent grandement cette dynamique cellulaire.

"L'art-thérapeute ou le médiateur artistique accompagne la personne en désarroi physique, mental, social, existentiel, pour l'aider à trouver en elle cette force qui lui permet de passer de la position d'Objet du malheur à celle de Sujet d'une réalisation artistique qui va se nourrir de cette épreuve", dit l'art-thérapeute Patrick Laurin dans une communication vibrante sur la maladie d'Alzheimer.

Pour l'intervenant, l'accompagnement d'autrui est une aventure d'une grande richesse qui profite en retour à son propre enrichissement en humanité et aussi à sa création personnelle. En plus de se former à la bibliothérapie proprement dite, il sera toujours utile, comme pour toute relation de soin, de réviser l'outillage de base de la communication (l'écoute active, le choix des mots précis, la vigilance à son propre langage…) et de s'informer sur les concepts opératoires en art-thérapie, afin d'avoir des connaissances psychologiques sur les mécanismes de défense, l'angoisse, les difficultés rencontrées en face de tel ou tel sujet, une sensibilisation à la relation et aux phénomènes transférentiels, etc.

L'EXIL DANS LA LANGUE

Les livres ont toujours été accueillants aux exilés. Nous sommes nombreux à avoir usé et abusé de l'hospitalité de la lecture, de son caractère englobant, maternant. Lire est un moyen de résister à l'exclusion, à l'oppression. Dans son essai *Éloge de la lecture*, l'anthropologue Michèle Petit explique que lire est un moyen de "reconquérir une position de sujet, au lieu d'être seulement objet des discours des autres".

Les histoires réparent ; dans un livre, on est toujours chez soi.

Pour l'étranger, la langue française est-elle un pays, un territoire ? La poétesse argentine Silvia Baron Supervielle a décidé, un beau jour, de tout risquer en vouant son avenir d'écrivain à une langue nouvelle. L'influence de la patrie et de la langue maternelle, elle l'a soudain considérée comme une intimité dangereuse, contre laquelle il était nécessaire de réagir. Pour elle, il est d'ailleurs souhaitable, voire nécessaire, qu'un écrivain connaisse de l'intérieur au moins deux langues différentes. Il faut qu'une autre langue illumine d'un lointain ailleurs ce qui constitue le moi et son univers. Silvia Baron Supervielle s'est donc soumise à "l'épreuve de l'étranger". Car deux choses (au moins) manquent à une langue qui n'est pas la vôtre, dit-elle : votre histoire et votre mémoire.

Dans une langue neuve, on se refait à neuf. Quoi de mieux pour démarrer une nouvelle vie où l'on n'aurait encore vécu ni douleur ni chagrin d'amour? En cultivant une langue étrangère dans laquelle on n'a ni chagrin ni mémoire, on peut enfin s'oublier.

C'est pourquoi il est essentiel que le bibliothérapeute s'empare du jeu entre les langues en faisant aborder des ouvrages bilingues, de poésie par exemple. Afin de faire sentir, au lieu de la familiarité amère et fatiguée, la nouveauté, l'étrangeté d'une langue autre.

Qu'arrive-t-il quand on lit dans une langue étrangère? Qu'arrive-t-il au moi, prononçant des mots étrangers?

Comment le corps lui-même réagit-il à cet exil, à ce transfert?

Silvia Baron Supervielle a ainsi résumé ce processus : "Lorsque je suis partie de l'Argentine, il y a maintenant plus de quarante ans, j'eus la sensation de ressusciter. En débarquant dans un pays où je n'appartenais pas à un passé commun, ni à un groupe de personnes, ni à une langue, j'ai goûté à l'anonymat : il n'y avait plus autour de moi de repères, de modèles, d'exigences d'une représentation. J'eus le soupçon qu'en adhérant à cet état clandestin, j'aurais une chance d'entrevoir mon visage."

D'où la nécessité de lire l'étranger pour renaître ou bien se mettre à l'abri dans l'autre langue.

LA PAGE COMME PANSEMENT

Le bibliothérapeute, quelle que soit sa formation, (para)médicale ou non, peut-il raisonnablement penser qu'on maîtrise l'effet d'un livre sur le lecteur, qu'on peut vraiment prescrire un titre comme on le fait d'un médicament? Certainement pas. La bibliothèque n'est pas, ne sera jamais, une pharmacopée maîtrisable. Tel livre qui aura des effets positifs sur une ou deux personnes en horrifiera une troisième! C'est donc à l'intuition du bibliothérapeute, au terme de patients échanges, de dénicher les pages qui remettront en mouvement tel ou tel lecteur et lui permettront de renouer avec sa vie intérieure, suspendue, arrêtée, fracturée par la souffrance psychique.

Dans les exemples précédents, qu'ils concernent Goethe ou Thomas Bernhard, lire ou écrire est en soit thérapeutique. Mais est-ce le cas pour tout le monde?

Pas forcément, dit Kafka, qui distingue l'écriture-tourment et l'écriture-guérison. De même pour Virginia Woolf, suicidée à cinquante-neuf ans, comme si le travail de toute une vie n'avait servi qu'à aiguiser le malaise initial. Quant à Marguerite Duras, elle a toujours été très claire sur ce point : "Écrire toute sa vie, ça ne sauve de rien, ça apprend à écrire, c'est tout."

Alors, écrire, lire, est-ce vraiment thérapeutique ?

Oui, pour Henry Bauchau, mené à près de cent ans par son désir d'écrire : si la vieillesse est un naufrage, la page est un radeau.

Oui, pour Colette : une écriture sereine console et accomplit la femme de cinquante-cinq ans.

Non, pour Stig Dagerman : l'écriture n'a fait que raviver ses plaies.

Oui, pour Rousseau, dans les *Rêveries*, où l'on assiste en direct, pour ainsi dire, et en quelques semaines, à la guérison d'un vieux paranoïaque plus qu'aigri, qui va pouvoir mourir à peu près réconcilié avec lui-même.

Oui et non, pour Philippe Forest chez qui l'écriture ne guérit pas mais permet d'être à l'aplomb de sa douleur. Pour lui, "toute la grande littérature (…) parce qu'elle est grande peut ouvrir des fenêtres dans notre malheur".

Les livres ont rendu Don Quichotte tout à fait fou mais lire Tolstoï a guéri la romancière Pascale Roze d'une très grave maladie.

Quant à ce même Kafka qui attendait du livre le coup de hache, il déclare avec tendresse qu'il se sent mieux dans la compagnie rassurante d'une œuvre de "l'énorme Strindberg" : "Je ne le lis pas pour le lire, mais pour me blottir contre sa poitrine…"

Oui et non, à la fois remède et poison, car tous les livres recèlent des mystères propres à émouvoir certains lecteurs et les mettre en péril.

Oui et non, pourtant le oui est majoritaire. Pourquoi? Parce que, pour tous et dans tous les cas, l'art vient remplacer une réalité défaillante et fait face au chaos. Quand la vie emmure, l'intelligence perce une issue… Si l'écrivain publie, c'est d'abord parce que la littérature a commencé par modifier sa propre vie. Il est un lecteur averti, qui sait qu'un livre, un seul, peut parfois changer la donne, transformer le regard, ouvrir des horizons, mobiliser des énergies inconnues, infléchir la direction d'une existence.

Pourquoi ça marche?

Parce que les hommes s'efforceront toujours de faire partager les expériences qui les touchent le plus profondément.

Selon l'anthropologue Michèle Petit dans *L'Art de lire*, "de la naissance à la vieillesse, nous sommes en quête d'échos de ce que nous avons vécu de façon obscure, confuse et qui quelquefois se révèle, s'explicite de façon lumineuse et se transforme grâce à une histoire, un fragment, une simple phrase. [Nous avons] soif de mots, d'élaboration symbolique. […] Nous avons besoin de médiations, de représentations, de figurations symboliques pour sortir du chaos, que celui-ci soit extérieur ou intérieur." Tous, nous échafaudons des romans pour raconter notre séjour sur terre. C'est le propre de la narration que d'effacer l'idée même que le monde soit fragmentaire ; elle n'a sans doute pas d'autre but et c'est l'essentiel de la jouissance qu'elle procure. Elle comble les vides et ne joue des ellipses que dans l'éclat des transitions.

Et puis les personnages. Sans les personnages, disait Virginia Woolf, la vie est sèche comme un os. Car c'est dans la fiction que la vie a de la chair. Milan Kundera dira que ses personnages sont des "ego de rechange". Gageons que pour le lecteur aussi les personnages sont des réserves de vie. "Pour nous autres humains, la fiction est aussi réelle que le sol sur lequel nous marchons. Elle *est* ce sol, notre soutien dans le monde", déclare Nancy Huston, qui nous propose aussi de nous interroger sur l'impalpable "différence de statut entre tous ces êtres fictifs qui nous habitent : ancêtres (mes arrière-arrière-grands-parents, Louis IX, Alexandre de Macédoine…), personnages de récits religieux (Jésus, Mahomet, Bouddha…), héros de roman (Robinson Crusoé, Mme Bovary)".

C'est par ces êtres fictifs que les œuvres donnent forme à notre vie.

Comment ça marche?

En fait, selon Pierre Bergounioux, cité par Michèle Petit dans *L'Art de lire*, "les bons livres nomment purement et simplement les choses qui nous arrivent".

Certes, comme le montre Michèle Petit dans *Éloge de la lecture*, "les ouvrages n'ont pas tous le même degré d'élaboration. Certains parviennent au mieux à nous divertir un moment de notre condition, ou à offrir un exutoire temporaire à nos fantasmes ; d'autres stimulent l'activité psychique, la pensée, en écho au travail d'écriture de leur auteur."

C'est pourquoi il est nécessaire, afin de comprendre ce qui est symétriquement à l'œuvre pour le lecteur, de lire attentivement des témoignages d'écrivains sur la manière dont l'écriture les apaise ou les stimule.

Pour beaucoup d'auteurs, l'écriture est une thérapie avouée et assumée. Stratonice dans *Polyeucte* énonçait déjà la vertu première du récit : "À raconter ses maux souvent on les soulage." C'est le cas de Serge Doubrovsky, qui composa son roman *Fils* en cours d'analyse et inventa au passage l'autofiction, fiction d'événements et de faits strictement réels.

Pour Doubrovsky, essayant de comprendre et d'expliquer comment l'acte d'écrire a été pour lui une thérapie, ce n'est pas le texte écrit qui a une vertu thérapeutique, c'est l'écriture du texte qui est cathartique : "Vite, en route, je dois me remettre à mon roman. Mon roman, c'est ma vie. Ça marche dans les deux sens : ma vie est le support de mon roman, mon roman est le soutien de ma vie. Comment est-ce que j'arriverais à vivre si je ne racontais pas ma vie?" *(Le Livre brisé.)*

Doubrovsky ne s'estime pas guéri ni sauvé par le manuscrit posé sur sa table de travail, mais vitalement accroché aux signes en cours d'écriture, qui décrochent joies et douleurs de l'immédiat et les inscrivent dans un autre registre que le vécu : le textuel.

Mais ici encore, attention au contresens : un travail en cours n'est jamais un édredon de plume. La littérature est principe actif, donc à la fois remède et poison. Rainer Maria Rilke l'a énoncé clairement : "Les œuvres d'art sont toujours le résultat d'un danger couru, d'une expérience conduite jusqu'au bout, jusqu'où personne ne peut aller plus loin."

Bien après l'enfance, certains êtres continuent de s'écorcher partout, aux angles du monde et aux rugosités des hommes. Ce sont les écorchés vifs, ils comptent parmi eux un grand nombre d'écrivains. Comment l'écriture alors les protège-t-elle? Comment peut-elle revêtir d'une peau celui qui se présente nu dans la vie, soit qu'il n'a pas été aimé, caressé suffisamment, soit que sa sensibilité excessive l'expose, inconsolable, à toutes les arêtes?

C'est que le manuscrit peut tenir lieu de sparadrap. Le journal intime est un révulsif, une sorte de cataplasme qui attire les douleurs et laisse le corps sain. Il a donc une vertu médicatrice, soutenait déjà Amiel, grand diariste du XIXe siècle.

Sylvia Plath, romancière et poétesse américaine, est une incarnation contemporaine de la Princesse au petit pois. Elle se suicida, en 1963, à l'âge de trente et un ans, un mois après la parution de son roman *La Cloche de détresse*. Sylvia Plath était née sans peau. Une écorchée vive. Tout la "hérisse", prétend-elle, tout la met au supplice. Durant sa courte vie, ses journaux intimes lui tinrent lieu de peau. L'écriture d'un journal renouvela cette consistance que le regard de la mère, l'attention de ses mains, l'écoute, avaient bâtie autrefois. L'écriture de Sylvia Plath fut autoréparation infinie. Autorésurrection infinie. Et chaque page de son journal, un bandage protecteur.

C'est aussi cette analogie entre la peau et le papier qui séduit les amateurs de papeterie et, parmi eux, Hélène Cixous : "J'allai m'approchant du biblique des livres, qui sont d'abord des objets magiques, des pâtes composées de peaux, de membranes d'arbre, de pellicules de roseaux d'Égypte, de peaux d'agneau de Pergame, de la peau des doigts humains. Les livres qui sont toujours encore finement tremblants de ces mémoires espérantes."

Écrire semble être pour certains le sentiment et la volonté énergiques de sécréter, à force de matins, un squelette externe, comme ces crustacés imprégnés de chitine et caparaçonnés de plaques dorsale et ventrale. Le monde en veut à ma peau… Chez tous les hypersensibles, la carapace est une fin : une fois constitué le bouclier, la bête enfin prend du repos et peut s'endormir à l'abri. Toutefois, la carapace de l'écrivain n'est pas seulement une protection contre autrui, mais un moule dans lequel il travaille à se couler : une carapace protectrice sans cesser pourtant d'être exploratoire, une enveloppe nouvelle qui multiplie la sensibilité au lieu de vous claquemurer, une armure qui écoute et qui voit bien mieux que la chair à vif. C'est le cas de Michel Butor, déclarant au journal *Le Monde*, au début des années 2000, qu'il tisse inlassablement son cocon littéraire pour panser ses plaies : "Je suis un écorché vif. Les attaques m'ont blessé. Mais la littérature vous fabrique une nouvelle peau. On peut comparer les phrases au fil de la chenille. L'œuvre est le cocon qui va la protéger et la transformer en papillon."

Lire et écrire serait donc le geste de se créer un cocon protecteur et exploratoire. On se protège pour pouvoir mieux explorer le monde. Le papier serait-il donc du sparadrap ?

Le psychiatre et psychanalyste Serge Tisseron a longuement étudié nos interactions émotionnelles avec le papier. Selon lui, il est un support de relation à soi-même, tandis que les écrans sont un support de relation aux autres. Le papier nous écoute. Il nous accompagne (on tâche d'avoir toujours sur soi un calepin et un crayon), il est un interlocuteur imaginaire. Comme dans une psychothérapie, le papier permet la symbolisation, c'est-à-dire que, grâce à lui, on peut construire des représentations personnelles de nos expériences. Symboliser, c'est tout à la fois se souvenir, figurer, représenter, jouer, nier…

Quant au lecteur qui écrit dans la marge de ses livres préférés, alors il articule les deux processus de la catharsis et de la symbolisation, pour sa plus grande jubilation.

Camille Laurens est sans nul doute l'écrivain qui connaît le mieux les mots et leurs vertus thérapeutiques, "leur principe actif, leur suc, leur miel". Ces êtres qui lui reprochaient de citer Nietzsche ou Lautréamont alors qu'elle venait de perdre un enfant, elle les juge dans *Philippe* avec grande dignité : "C'est qu'ils envisagent la culture livresque comme quelque chose d'extérieur à l'homme, quelque chose dont on pourrait se passer, dont il serait même décent de se passer, en certaines occasions, pour ne montrer que la bête brute, son abominable souffrance." Or l'écriture est une thérapie. La langue agit. "Elle a fonctionné comme un baume, un remède certes discret dont les effets ont pu d'abord paraître dérisoires mais dont le succès dure encore : langue-onguent, cérat des mots qui opérait un lent et sûr adoucissement du chagrin. Car les mots pansent : eux par quoi s'élabore la pensée – on disait autrefois le *pensement* – prennent soin aussi de nos blessures."

Camille Laurens fait alors une distinction entre la langue maternelle et la langue paternelle, chacune d'elles soignant à sa manière : côté maternel, effet immédiat, à même le corps souffrant, mots appliqués sur la blessure comme une musique apaise. Lire peut alors produire en nous un "adoucissement, pour peu que nous sachions choisir notre secours (prose lyrique ou, mieux, poème)". On découvre alors combien la langue est maternelle, et comme elle berce, enveloppe, rassure, caresse. Elle agit sur les sens comme la voix de la mère sur l'enfant nouveau-né, de manière sensible et sensuelle, elle est pansement. Le rythme de la langue maternelle serait alors l'enveloppe, le sparadrap.

Mais le désir d'écrire ranime aussi une fonction que la souffrance avait annihilée : celle qui, par le biais de la syntaxe, amène à "refaire des liens avec un monde fracassé et absurde, à lui redonner sens". La langue peut alors montrer sa face paternelle. Elle explique, commente, relie : elle agit sur le sens, de manière logique, elle est pensée. La syntaxe, l'ordre du récit réorganisent l'expérience humaine. Au chaos de la vie se substitue l'ordre du récit. L'écriture-thérapie serait donc ce qui unit pansement et pensée constructive. Pour Michèle Petit dans *Éloge de la lecture*, "un livre, c'est une hospitalité qui est offerte, une sorte d'abri que l'on peut emporter avec soi, où l'on peut faire retour, un refuge où résonne comme l'écho lointain de la voix qui nous a bercés, du corps où nous avons séjourné."

L'ACTION TRANSFIGURANTE
DE LA FICTION

Nous avons besoin du récit pour vivre. La nécessité du récit est la spécificité de l'humain, "espèce fabulatrice". Tout ce qui est humain circule en nous et se transmet par des histoires, des mythes et des légendes qui, avec les contes, participent de cette tradition orale où se dit le secret de la naissance et de la mort en une parole que seul l'inconscient peut entendre. Pour le psychiatre de l'enfant René Diatkine, cité par Michèle Petit, l'histoire du soir, lue ou racontée à l'enfant, a de telles vertus magiques pour mieux supporter le noir et la séparation d'avec les parents, la peur de les perdre et la peur de mourir : "Seule une histoire fictive racontée, un récit dans une langue d'une tout autre structure que le parler relâché de la vie quotidienne, semble faire effet contre cette angoisse de la séparation." L'histoire du soir est un fil solide pour l'enfant, qu'il ne faut surtout pas rompre parce qu'il est à l'œuvre dans l'alimentation d'un imaginaire, dans la construction d'une identité. Ainsi, dans l'histoire qu'on nous raconte, ce sont les regards conjoints sur le livre qui nous raniment.

Qu'est-ce qu'un bon livre ? Tout comme la psychothérapie, qui ressemble d'abord à une simple conversation en face à face, le bon livre finit par remodeler le cerveau du patient à petites touches de simples mots. Et sa lecture provoque bien des remous, bien des résonances entre les aires du langage et cette partie du lobe temporal qui régit les souvenirs et l'émotivité. L'imagerie par résonance magnétique d'un cerveau de lecteur montre bien ces résonances, comment lire nous fait chercher dans nos souvenirs ce qui résonne à l'unisson.

Novalis l'avait énoncé déjà : "La poésie plutôt que la poudre. Un mot, une phrase contiennent des charges explosives, susceptibles de libérer leur énergie latente lorsque s'offre l'occasion, dans l'espace du dedans ou l'espace du dehors, qui servira de détonateur. Le vocabulaire, la grammaire ne sont pas innocents ; ils ont charge d'âme."

Et Victor Hugo, dans ses *Proses philosophiques* de 1860 : "Un livre est un engrenage. Prenez garde à ces lignes noires sur du papier blanc ; ce sont des forces ; elles se combinent, se composent, se décomposent, entrent l'une dans l'autre, pivotent l'une sur l'autre, se dévident, se nouent, s'accouplent, travaillent. Telle ligne mord, telle ligne serre et presse, telle ligne entraîne, telle ligne subjugue. Les idées sont un rouage. Vous vous sentez tiré par le livre. Il ne vous lâchera qu'après avoir donné une façon à votre esprit. Quelquefois les lecteurs sortent du livre tout à fait transformés. Homère et la Bible font de ces miracles."

Si "les lecteurs sortent du livre tout à fait transformés", c'est par l'effet de captation exercé par une page, un paragraphe, un seul mot. Cette force étrange, c'est la métaphore. Elle seule touche au corps. Sans elle, un texte est un morceau de bois mort.

Lorsqu'il s'agit de comprendre ou d'enrichir par de nouveaux modèles la dynamique inconsciente d'un individu, la métaphore occupe une place essentielle. Jacques Lacan avait ouvert la voie de l'exploration métaphorique en psychanalyse, notamment dans *La Métaphore du sujet* (1960). Selon lui, "l'inconscient est structuré comme un langage", et le désir a deux façons d'être exprimé : par la métonymie ou par la métaphore. Lacan a ainsi défini la fonction psychique de cette dernière : "La formule de la métaphore rend compte de la condensation dans l'inconscient." Par condensation, Lacan entend la substitution d'un élément par un autre, permettant d'en exprimer le côté refoulé. Une seule représentation va en remplacer plusieurs autres. Le travail de la condensation est particulièrement apparent dans le rêve. Elle est également à l'œuvre dans les actes manqués, les jeux de mots… Lacan cite les métaphores célèbres (la racine du mal, l'arbre de la connaissance, la forêt de symboles, le jardin de la paresse, l'écheveau du temps, l'automne des idées, les fleurs du Mal) comme des exemples de recours linguistiques exprimant l'impossibilité du sujet à conceptualiser totalement son mal et son refoulé.

Il ne suffit pas de raconter sa douleur ou de partager sa souffrance pour que tout soit réglé. Il y a des récits de soi tellement stéréotypés qu'ils ne donnent lieu à aucune symbolisation. Seule la métaphore donne accès aux émotions et touche le corps. Le soin par la métaphore est né des apports de Jacques Lacan. Il utilise la fonction cathartique de la métaphore dans un texte d'apprentissage et de soin qui entre en résonance directe avec des parties de la pensée mal accessibles à la conscience. Aujourd'hui, en psychologie clinique, un certain nombre d'écoles de thérapie mentale préconisent l'emploi d'histoires en relation métaphorique avec la difficulté du malade souffrant d'un traumatisme psychique (deuil, rupture, viol…) ou physique (accident, attentat…). L'école d'hypnose de Milton Erickson propose une méthode de métaphores thérapeutiques à composer puis à intégrer dans une histoire destinée au patient.

Dans *La Métaphore vive* (1975), Paul Ricœur a étudié la fonction poétique de la langue. Selon lui, la métaphore est, plus qu'une simple figure de style, un procédé cognitif original qui a sa propre valeur. Dans le texte, c'est elle, en dernier ressort, qui "transfigure le réel", qui a le "pouvoir de redécrire la réalité". En fin de compte, la "métaphore, c'est la capacité de produire un sens nouveau (…) pour produire une signification nouvelle". C'est à elle que nous devons "l'action transfigurante de la fiction".

Comprendre un texte, c'est se comprendre devant le texte, garantit Ricœur. Lire un texte, c'est se lire soi-même. Les mots que nous lisons n'ont pas leur fin en eux-mêmes, mais en nous. C'est bien leur vie que les lecteurs ont à configurer. Ce qu'ils cherchent dans la succession des mots est quelque chose qui modèle le présent.

Pourtant, met en garde Michèle Petit dans *Éloge de la lecture*, "un lecteur ne privilégiera pas toujours un texte qui colle à sa situation. Une trop grande proximité peut même se révéler inquiétante, intrusive, enfermante, tandis qu'il trouvera des mots qui lui rendront le sens de son expérience ou qui lui permettront une échappée dans un livre écrit par un homme ou une femme qui évoque de tout autres épreuves, quelquefois dans des temps anciens ou à l'autre bout du monde."

Dans ces cas-là, la poésie est l'idéal, car pour Michèle Petit, "même aux plus meurtris, une métaphore poétique peut offrir un écho de leur propre situation, sous une forme transposée ; un écho de ce qui se passe en soi, dans des régions qui ne peuvent pas s'exprimer. Et cela suffit parfois à susciter un mouvement psychique, à éviter de devenir fou de douleur".

Les quarante pages d'un chapitre sont un contenant, une limite heureuse pour nos vies qui s'effilochent. Les cases régulières de la bande dessinée sont de petites alvéoles rassurantes, réparatrices, où se lover et se réconcilier avec le calme pendant que le vent souffle dehors. Là-dedans la vie continue, une vie sans cahots et sans déchirures. C'est encore la littérature qui innerve les parois des cases des bandes dessinées, cette même littérature dont Mario Vargas Llosa, recevant le prix Nobel, a dit combien "elle nous dédomrnage des revers et des frustrations que nous inflige la vie véritable et grâce à elle nous déchiffrons, du moins partiellement, ce hiéroglyphe qu'est souvent l'existence pour la grande majorité des êtres humains…". Pour le comprendre, écoutons Michèle Petit, toujours dans *Éloge de la lecture* : "La lecture relance une activité de symbolisation, et sans doute est-ce là l'essentiel. Un texte peut être l'occasion de renouveler, de recomposer les représentations que l'on a de sa propre histoire, de son monde intérieur, de son lien au monde extérieur."

Les livres se sont donné pour tâche d'inventer d'autres images, des images toutes neuves celles-là, et vivantes de la vie du langage vivant. Quand on la découvre, cette image littéraire neuve, quand on la flaire, la lit, la sent ou la reçoit, aussitôt notre bonheur se manifeste gestuellement, comme si cette image était un cadeau d'amant ou de mère. Les mains se frottent, les genoux se décroisent, on change de position, les sourires naissent sur des visages de vrais goûteurs, les nez se froncent et enfin on respire.

Une demi-page suffit à tout chambouler. Une image forte, c'est-à-dire une métaphore, un transport d'émotion, "permet de donner sens à une tragédie tout en évitant qu'elle soit évoquée directement, de transformer des vécus douloureux, d'élaborer la perte comme de rétablir des liens sociaux", affirme Michèle Petit dans *L'Art de lire*.

Une métaphore donne accès aux émotions. Parce que le corps est touché.

Par son action, on peut réintroduire la créativité là où le traumatisme l'avait pétrifiée, ainsi que l'explique Michèle Petit dans son éclairant *Éloge de la lecture*, ouvrage pionnier, à l'égal de ceux de Ouaknin dans ses révélations et son intensité.

Nous sommes constamment en attente de ce qui déclenchera l'activité psychique. Il y a en chacun de nous des zones endormies qu'une œuvre viendra réveiller. Le livre de psychologie grand public touche directement et frontalement, comme perçant à jour, mais il n'emmène guère, comme le fait si bien la métaphore, dans des espaces fantasmatiques où réélaborer son histoire.

L'apport le plus important du bibliothérapeute consistera dans les choix qu'il saura faire, par sa connaissance de la bibliothèque, de romans ou de récits métaphoriques puissants, en lien discret avec le traumatisme. Il travaillera à promouvoir des livres assez riches pour accueillir tous les langages privés et les idiosyncrasies des lecteurs, et proscrira les ouvrages qui parlent un langage étriqué, une sorte de tronc commun de la langue, bon à assurer les transactions de la vie quotidienne. Le lecteur ne peut vibrer qu'au contact d'un riche tissu de métaphores. L'essentiel et la singularité de ses sentiments, de ses pensées, de ses sensations, de sa vision du monde restent pour chaque individu exprimables et transmissibles par les seules figures de style, par les nuances et la complexité qu'elles autorisent dans la langue.

Attention, le bibliothérapeute n'est pas un documentaliste. Il est donc inutile de n'en attendre qu'une liste de titres thématiques qu'on voudrait espérer thérapeutiques uniquement parce qu'ils traitent du sujet concerné ! Le geste de bibliothérapie, le lien qu'il instaure sont évidemment plus profonds, plus subtils, et engagent une véritable relation de personne à personne, de lecteur à lecteur. La bibliothérapie doit absolument se défendre de n'être qu'une simple prescription, cela n'aurait aucun sens.

Lire est une "activité silencieuse, transgressive, ironique ou poétique de lecteurs qui conservent leur quant-à-soi dans le privé et à l'insu des maîtres" selon Michel de Certeau, qui insiste encore : "Lire, c'est être ailleurs, là où ils ne sont pas, dans un autre monde", "c'est créer des coins d'ombre et de nuit dans une existence soumise à la transparence technocratique…" D'où l'agacement de Michèle Petit face à certaines pratiques scolaires : "Il y a probablement une contradiction irrémédiable entre la dimension clandestine, rebelle, éminemment intime de la lecture pour soi, et les exercices faits en classe, dans un espace transparent, sous le regard des autres", dit-elle. Et même s'il est vrai qu'aucune autorité ne peut contrôler totalement la façon dont un texte est lu, compris, interprété.

Le travail discret du bibliothérapeute est simplement de pousser son lecteur à devenir le propre lecteur de soi-même.

L'ENFANT ET LES LIVRES

Bien sûr, pour être pleinement éthique, le bibliothérapeute aura au préalable longuement scruté son propre rapport aux livres dans l'enfance, dans l'adolescence…

"J'ai eu ce bonheur, ayant remplacé « La Bibliothèque rose » par Balzac quand j'étais enfant, de m'ébattre, comme une mésange chassant le ver sous les bas taillis, à l'ombre de ce feuillage inextricable", écrivit Colette.

À mon tour, je feuillette l'enfance. Une fois retombée l'impression immédiatement musicale que procure la lecture à haute voix, je me tais et je laisse apparaître ce qui est moins éclatant que la voix. Le voilé, c'est l'encre des livres de poche sur le papier jaune et poreux, Mais je lis aussi des encres pures, très noires, foncées, qui paraissent solides comme un monument. Le soir, je m'endors sur le coude. Mon auriculaire gauche tient le livre ouvert. Sans livre, j'ai peur. Il y a toujours, entre le bord du lit et moi, un livre. Comme il y avait une épée entre Tristan et Iseut pour qu'ils ne soient pas tentés de se posséder, je place un livre entre le vide et moi.

Lire, c'est avoir le pouvoir de se concentrer, de retenir, ne pas oublier qui parle, ce qui vient de se passer. Alors je me déconcentre, brutalement, pour me prouver que je suis capable d'avoir un pied dans chaque monde. Je lève la tête, je secoue le livre, je soupire parce que la phrase était belle, je répète quelques mots pour être sûre que ma mémoire atteint ma bouche. Je regarde dehors, je reviens au livre : cela s'appelle accommoder. Passer ainsi d'un monde si proche à un monde tellement lointain, s'accommoder du réel et de la fiction, avec la même aisance, c'est vivre heureux. J'ai appris à lire les notes et les lettres presque au même moment. On dit déchiffrer, pour la musique comme pour la lecture. Et jamais je n'oublierai qu'une salle de classe où l'on ânonne est exactement comme le déchiffrage plein de couacs d'une partition de musique. Celui qui lit est interprète et chante. Je me souviens de mes débuts comme interprète, surtout des livres et des mots que je ne comprenais pas.

J'étais déjà très myope, je portais des lunettes à verres épais qui pesaient sur mon nez. Les plaquettes me faisaient deux traces rouges de part et d'autre de l'arête. Je venais de lire un ouvrage où un homme portait aux chevilles "les stigmates de l'esclavage". J'en déduisis qu'on pouvait donner au mot stigmate le sens de tout ce qui marque. J'ai dit à mes parents que mes lunettes me faisaient des stigmates sur le nez. Ils ont cru sûrement à une crise mystique. Ils m'ont demandé de ne jamais répéter le mot, comme si c'était un gros mot.

Mon frère lit près du poêle de porcelaine, exilé entre quatre murs, chauffé comme une plante molle sur un tas d'engrais, recevant la lumière et l'air à travers une vitre colorée, vivant dans cette obscurité légèrement orangée. L'enfance de mon frangin, c'est-à-dire les pires tortures : au milieu des incendies de forêt, des torrents de soufre et de lave bouillante, au bord du cratère d'un volcan qui hurle, et puis la faim, la soif, les solitudes du désert, les ruines désolées de Palmyre, la massue d'un Iroquois, un festin de cannibales, des brigands, des pirates, des trombes qu'on dissipe à coups de canon, insurrection à bord, typhon, typhus, famine et naufrage.

Lire, c'est épuisant.

Lire nécessite l'exécution intérieure de centaines de gestes extrêmement violents. Il lisait à la fois du verre pointu et du passé simple, du sang et des virgules, de la grammaire et du cuir. Les verbes d'action creusaient des cratères d'impact dans la page, faisant jaillir des étincelles de sens et des courbatures en même temps. L'aventurier faisait en lisant l'expérience de faits physiques : s'élancer, reculer, frapper, fracasser, tomber dans la boue, plonger une lame dans un œil. Il parait parfois sa lecture avec les mains et elles lui semblaient gluantes de sang. Parfois aussi il cherchait à atteindre sa botte pour sortir son couteau. Mais il n'avait évidemment ni botte ni couteau et il était aussi essoufflé que le jour où en forêt il avait rencontré un renard.

Quand on ignore les mots, quand on ne connaît pas encore, dans sa chair, les sensations décrites, quand ni l'intelligence ni le bon sens ne peuvent vous raisonner, alors on peut être, à vie, marquée par un livre anodin. La lecture est une rencontre à laquelle personne ne prépare, le risque en fait organiquement partie. Pour faire tomber à genoux, un livre n'a pas besoin d'être Bible. Colette raconte qu'elle a ouvert, à la scène de l'accouchement, le Zola interdit, sans doute *Pot-Bouille*, qu'elle avait dix ans et qu'elle s'est évanouie : "Le gazon me reçut, étendue et molle comme un de ces petits lièvres que les braconniers apportaient, frais tués, dans la cuisine."

Certains livres m'effraient, beaucoup m'effraient. Mais le livre n'est pas effrayant, il est léger et mince. Pourtant, toujours je me rappellerai lesquels m'ont terrorisée. Quand j'ai lu *Les*

Grandes Familles, par exemple, j'ai eu peur du gynécologue, avec sa lampe frontale. J'ai lu *L'Âge de raison*, vers onze ans, j'y ai découvert que les femmes s'épilaient les aisselles et que leurs poils repoussaient drus comme de petites épines. Ce sont probablement les premières métaphores qui m'aient frappée. Pour m'en débarrasser, j'ai dû les écrire. Quand elle fait horreur, la lecture est aussi inoubliable qu'une atrocité réelle ou un cauchemar récurrent.

Parfois ma lecture consiste précisément à oublier ce que je lis. Je promène mes yeux et mes doigts sur le papier, pour sa douceur, son odeur. Je n'aurais jamais pu lire l'énorme ouvrage de Lewis Carroll sur la logique sans le doux papier bible de la Pléiade. Ce texte, honnêtement, je ne l'ai pas lu, je l'ai seulement caressé. *Système de la mode*, de Roland Barthes, je l'ai très peu lu mais beaucoup touché, je l'ai déchiffré avec les doigts parce qu'il avait été publié dans un magnifique coffret. Je me souviens que le livre de poche où j'ai découvert *Le Rouge et le Noir* était d'occasion, taché d'humidité, jaune, et que j'y avais rencontré des moustiques desséchés et probablement des crottes de nez. J'y ajoutai les miennes. Cela me semblait nécessaire à la lecture, à la concentration, au bonheur.

Un livre que j'ai envie de salir est un livre que j'aime. Je lis avec le désespoir d'être myope et la peur de ne pas saisir la réelle beauté des caractères. Je me demande parfois si ce que je lis m'intéresse, si ma lecture ne consiste pas plutôt en un grand embrassement des pages.

Dans la collection "Le Vice impuni", j'avais acheté *Sur la lecture*, de Marcel Proust : "S'il nous arrive encore aujourd'hui de feuilleter ces livres d'autrefois, ce n'est plus que comme les seuls calendriers que nous ayons gardés des jours enfuis, et avec l'espoir de voir reflétés sur leurs pages les demeures et les étangs qui n'existent plus." J'ai lu un livre de science-fiction qui s'appelait *L'Anneau monde* et je ne sais plus rien de l'histoire, je me rappelle seulement l'avoir posé, pour faire l'amour, sur la tablette qui servait de chevet, dans la caravane, et qu'il est tombé. Ce qui subsiste dans ma mémoire est le geste simple que j'ai accompli pour ramasser le livre. Je me souviens aussi comment j'ai joui.

On gravait sur les cadrans solaires *Omnes vulnerant, ultima necat,* que l'on traduisait par "Toutes les heures blessent, la dernière tue". La lecture aussi mesure le temps. Peut-être est-ce pour cela que les livres blessent à la relecture.

Lire sur le coude et être agacée par les fourmis dans les doigts. Lire dehors, au soleil, et être dérangée par la chaleur. Au mal qu'on veut au soleil se mesurent l'importance et l'intérêt du livre.

J'éprouve toujours le même étonnement inquiet quand j'ai fini le livre. J'interromps souvent ma lecture, je vais lire quoi après? Et je ralentis ma lecture. Quand j'étais élève-kinésithérapeute en gériatrie, une vieille dame jetait par terre les miettes de son petit-déjeuner. Pourquoi faites-vous ça? Elle m'a répondu qu'elle en aurait pour la matinée à balayer, à aller chercher la pelle, là-bas, dans la buanderie, à revenir dans sa chambre avec la pelle, à faire le ménage, à rassembler les miettes dans un sac en plastique, à s'en aller, avec le sac en plastique jusqu'au vide-ordures, à revenir. Oui, cela prendrait bien une matinée. Ensuite l'ennui renaîtrait. Puisque j'ai peur de ne plus avoir de quoi lire, je traîne, je tourne les pages lentement, je lis les index, la table, du même auteur, dans la même collection. Je relis la quatrième de couverture. Je fais comme la vieille dame, de peur de l'ennui, de peur de ne plus jamais trouver un livre qui me plaira autant. *Sur la lecture* de Marcel Proust a tout dit de l'exaspération qui saisit quand on est dérangé dans sa lecture, sur la peur qu'il reste trop peu de temps jusqu'au repas, sur la vision, sur la description, sur l'haleine. Mais je n'ai pas retrouvé la phrase, ce passage de la *Recherche* qui concerne l'abri des toilettes. Elles seraient, je cite de mémoire, le lieu de la lecture, de la volupté et des larmes.

Pascal Quignard m'a initiée aux fragments. Ce sont de petits morceaux de lecture qui sont longs à lire comme on imagine que sont longs à mâcher les morceaux de saumon sec que taillent les haïkus. Ensuite, j'ai aimé les *Notes de chevet* de Sei Shônagon, les aphorismes, les traits désespérés d'Henri Calet : "Je n'écris plus que des feuilles mortes."

Il y a beaucoup de livres sur la lecture. Ce sont des *ouroboros*, des serpents qui se mordent la queue. *Le Lecteur* de Pascal Quignard ("À la Bibliothèque nationale, les bibliothécaires nomment fantôme la plaquette de carton mise en la place du livre communiqué au lecteur"), *Ivre de livres* d'Alain Nadaud, par exemple. Tout comme Colette qui lisait comme un oiseau chasse, Alain Nadaud voit, dans un livre ouvert, "un nid d'insectes et sous la forme de minuscules caractères typographiques, la vie grouille à l'intérieur". Je lis comme un prédateur. Quand je lis, j'ai l'appétit d'un fourmilier et c'est pourtant bien moi qui tombe dans le piège sablonneux, en forme d'entonnoir, de l'écrivain fourmi-lion.

"Sachant que vous êtes immortel, comment organiserez-vous vos journées?" demandait Jean Tardieu dans *Le Professeur Froeppel*. Si je lis, je commence un décompte. Combien de livres me restera-t-il à lire? Je sais que je ne pourrai pas tout lire. Choisir est un courage. Avant d'écrire moi-même, je ne savais pas qu'on pouvait critiquer un livre, qu'on en avait le droit. Je lisais ce qui était écrit, c'est tout. Et puis, je me forçais à lire jusqu'au bout, comme on oblige un enfant à finir son assiette. Je lisais comme j'avais mâché, des heures durant, de petits bouts de viande dont j'avais sucé tout le sang. Un jour, Borges écrivit : "Je suis un lecteur hédoniste." Alors je me suis donné le droit de ne pas finir mon assiette, le droit de critiquer la saveur du plat. Peu à peu, j'ai corrigé. Peu à peu, j'ai protesté, j'ai relevé les coquilles au crayon de papier, j'ai traité *in petto* l'auteur de raciste, de sexiste, de sanglier. Avant, j'ignorais tout à fait cette rébellion contre la lecture.

Parfois, j'entends quelqu'un lire à haute voix. Par curiosité je me penche sur son épaule, j'écoute, j'éprouve de l'admiration pour les lectrices et les lecteurs qui ne lisent pas exactement ce qui est écrit, qui se trompent, transforment inconsciemment la phrase, oublient les petits mots qui gênaient leur propre rythme, raccourcissent, allongent, à leur gré. Je ne sais pas lire ainsi. Je suis trop disciplinée, même si je sais que je ne suis pas aussi stricte que je le dis, car bien des mots m'ont échappé, mais j'ai encore trop tendance à considérer le livre comme une partition où il n'y aurait pas de cadence et le lecteur à voix haute comme un interprète en audition.

Je lis mes amis, avec passion et une curiosité malsaine. Quand j'ai peur, je ne lis plus que mes amis. Et quand ma vie est trop dure, je n'arrive même plus à lire. Je ne rassemble plus les mots, je déprime. La phrase ne m'intéresse pas. C'est un symptôme. J'entends souvent, autour de moi, je ne lis plus depuis la mort de mon mari, depuis que je suis au chômage, depuis qu'elle est partie. Et puis, quelque temps après, ils avouent recommencer à lire un peu. L'effort de lecture est signe de guérison. Elle n'est pas seulement demande d'évasion et d'oubli, elle réclame, elle exige la saine présence du lecteur. Si l'imaginaire est resté là-bas, avec le mort ou l'absent, il n'y a plus de lecture. Voilà ce que j'ai cru comprendre. J'aime lire ne veut rien dire. J'aime vivre dans les livres est sûrement ce qui se rapproche le plus de la vérité.

Enfant, j'ai eu très peur des livres. De certains livres. C'est pourquoi je sais qu'à chaque instant le bibliothérapeute prend le risque d'une médiation ratée.

Voici mon plus bel exemple de médiation culturelle ratée. Voici le plus beau texte que je connaisse sur la singularité, sur la peur d'être soi, sur la crainte de n'être pas comme tout le monde, sur la difficulté d'élever une adolescente, sur la question de savoir comment les livres (et l'art en général) agissent sur nous à certains moments de notre vie, sur le corps dans l'art en général, sur l'angoisse de ne pas ressembler aux stéréotypes de la télévision, sur la nécessité de rassurance quand les divertissements de masse proposent des modèles impossibles à suivre.

Ce texte minuscule et encyclopédique fait partie d'un volume intitulé *La Lanterne sourde*, que j'ai choisi et préfacé à la fin du XXe siècle, au Mercure de France. Il est de Jules Renard, un vrai chef-d'œuvre sur l'ongle intitulé "Le Monstre".

Le voici dans son entier : "Marthe sort avec sa mère du Salon de peinture, très grave. Depuis quelque temps, elle se pose une question indiscrète et tâche en vain d'y répondre. Cette promenade au milieu de tableaux ajoute encore à son trouble. Elle a vu les plus belles femmes qui soient, sans voile, et si nettement dessinées qu'elle aurait pu suivre, du bout des doigts, les veines bleues sous les peaux claires, compter les dents, les boucles de cheveux et même des ombres sur des lèvres. Mais quelque chose manquait à toutes. Et pourtant elle a vu les plus belles femmes qui soient! Marthe dit à sa mère un bonsoir triste, rentre dans sa chambre et se dévêt, pleine de crainte. La glace lumineuse et froide rend les images en les prenant. Marthe, inquiète, lève ses bras purs. Telle une branche, d'un lent effort, se déplace et montre un nid. Marthe, candide, ose à peine regarder son ventre nu, pareil à l'allée d'un jardin où naît déjà l'herbe fine. Et Marthe se dit : « Est-ce que, seule entre toutes les femmes, je vais devenir un monstre ? »"

VIEILLIR ET LIRE

Soigner, tel est l'objectif du médecin. Mais la vérité du médecin n'est pas toujours celle du malade. Soigner le corps souffrant n'est pas soigner la subjectivité du patient. La chirurgie plastique, qui efface les rides du visage, ne soigne pas la subjectivité. Le livre, lui, soigne la subjectivité.

Pour l'écrivain Pierre Guyotat, le mot est un geste thérapeutique. Quels maux soignent les livres ? Ils sont innombrables : l'ignorance, la tristesse, l'isolement, le sentiment de l'absurde, le désespoir, le besoin de sens, parmi quelques autres. C'est que l'écriture est aussi un scalpel, un outil de compréhension de soi-même et du monde, d'accouchement de la pensée même qui s'élabore dans le texte. Il faut déchiffrer. Critiquer. Juger. Interroger la langue.

Quels sont les livres qui agissent ? Les bons livres sont ceux qui déterminent dans la conscience du lecteur un changement profond, qui aiguisent à tel point sa sensibilité qu'il jette un regard neuf sur les objets les plus familiers comme s'il les observait pour la première fois. Des livres qui galvanisent, qui électrisent, en un mot qui raniment. Par exemple, de bons livres, selon cette définition, auraient guéri Emma Bovary de son aveuglement : "Avant qu'elle se mariât, elle avait cru avoir de l'amour ; mais le bonheur qui aurait dû résulter de cet amour n'étant pas venu, il fallait qu'elle se fût trompée, songeait-elle. Et Emma cherchait à savoir ce que l'on entendait au juste dans la vie par les mots de félicité, de passion et d'ivresse, qui lui avaient paru si beaux dans les livres."

Les bons livres servent à démystifier non seulement la vie mais aussi, et surtout, les mauvais livres ou, au sens large, les mauvais récits (films à scénarios convenus, stéréotypes), car au fond nous souffrons du peu d'imagination des fictions ordinaires qui nous cernent et nous tendent un miroir étriqué.

Je pense tout particulièrement à la pauvreté des ouvrages sur la vieillesse. On ne sait pas grand-chose de "la vieillesse", on ne sait presque rien des super-adultes ; on sait seulement, mais sans en avoir encore suffisamment conscience, que ce que nous appelons *vieillesse* est aussi une chose culturellement construite. Cet âge de la vie a très peu été pensé, sinon sous forme d'images d'Épinal, presque toutes négatives et stéréotypées. Il faut tout reprendre. De quoi sont faites nos représentations de l'adulte âgé ? Sur quels modèles (à renouveler, à repenser) sont-elles construites ? Dans quelle langue, sur quel lexique, sur quels récits reposent-elles ? Par conséquent, de quoi nous servons-nous pour appréhender notre propre vieillissement et celui des autres ? Et si nous n'avions que des idées reçues sur les vieillesses, des idées si étroites qu'elles ne nous permettent pas de rendre compte de la richesse de notre propre vieillissement… Les bons livres qui aident à vieillir sont si peu nombreux qu'on fera utilement appel au bibliothérapeute pour défaire les représentations et clichés convenus d'une certaine rhétorique du crépuscule de la vie. Regardez les barbons ridicules de Molière, dont on continue à enseigner soigneusement les méfaits, regardez à la télévision ces gérontes victimes et malades ! On nous a confisqué les trésors de la vieillesse pour que nous n'en ayons rien à faire, rien à apprendre ni à attendre, juste à la considérer comme un âge de déchéance à combattre et retarder. Car c'est bien de cela qu'il s'agit, de la question du bonheur, celle de la possibilité d'accéder au monde intérieur où se forgent les mythes, les désirs et les rêves, seul terreau valable où peut naître le fragile sentiment de joie d'un sujet libre entretenant avec son corps enchaîné au réel un dialogue qui va permettre la traversée des âges et de leurs tempêtes.

La lecture enclenche un processus d'affirmation de soi qui est essentiel pour tous. Chez l'enfant pour développer la construction de son identité, de sa personnalité. Chez le sujet âgé pour préserver son autonomie et sa dignité. L'affirmation de soi passe aussi par les grands livres, à tel point, déclare Victor Hugo, qu'il est "impossible d'admirer un chef-d'œuvre sans éprouver en même temps une certaine estime de soi. On se sait gré de comprendre cela. Il y a dans l'admiration on ne sait quoi de fortifiant qui dignifie et grandit l'intelligence. L'enthousiasme est un cordial."

En outre la lecture est un moyen de donner du sens au quotidien. La fiction, les contes donnent des lignes de conduite, des modèles de vie, des valeurs. Des modèles auxquels s'identifier. Le sujet âgé saisira, à travers ces histoires, des récits de vie qui lui permettront de retrouver le fil de sa propre existence. L'identification lui permettra de dresser un bilan de vie, de retenir les valeurs qui lui sont primordiales.

En maison de retraite, la lecture apporte la connaissance et un regard nouveau, elle traduit un appétit qui ne faiblit pas avec le vieillissement, car connaître, apprendre de nouvelles choses, c'est s'affirmer en tant qu'homme. Stimuler la mémoire, les facultés cognitives, susciter l'émotion par sa dimension affective, réparer par sa dimension symbolique, apporter l'imprévu et la nouveauté, entretenir le lexique verbal, de moins en moins utilisé par le sujet âgé, voici quelques-unes des vertus de la lecture pour un être qui vit en institution. De plus, la lecture le libère du poids du temps, autorise un va-et-vient jubilatoire entre passé, présent et avenir. Le roman peut ainsi donner à chacun l'impression de maîtriser le temps, de faire une relecture de sa vie, pour redonner un sens à certains événements de son existence.

Ceux qui vivent des événements terribles n'ont pas la possibilité de sauter certaines minutes ou certaines heures de leur existence. Ils doivent affronter chaque instant de cette horrible linéarité. Le roi Shahryar ou bien un grand malade ou encore un déporté juif souffrent de ces aberrations du temps intérieur. Le Hongrois Imre Kertész, lauréat du prix Nobel de littérature en 2002, n'a cessé d'écrire l'expérience fragile de l'individu pris dans les tourments de l'Histoire. "Dans les camps de concentration, écrit-il, mon héros ne vit pas son propre temps, puisqu'il est dépossédé de son temps, de sa langue, de sa personnalité. Il n'a pas de mémoire, il est dans l'instant. Si bien que le pauvre doit dépérir dans le piège morne de la linéarité et ne peut se libérer des détails pénibles."

Ici Shéhérazade doit intervenir, impérativement. La lecture n'est pas une dérobade en soi-même ; elle est une évasion nécessaire pour acquérir une vie intérieure à la fois intense et secrète, et surtout hautement réparatrice.

Quand la maladie ou la grande vieillesse a fait de votre corps une machine hébétée qui ne fonctionne plus et vous plonge dans le noir, la littérature est là pour réinsuffler dans cette défaillance du désir et du sens. Jusqu'au bout, en tout cas tant que la douleur peut être raisonnablement tenue en respect, la littérature prise sous toutes ses formes (y compris et surtout le chaleureux bouquin qu'on vous lit à haute voix) relie un malade hospitalisé à la communauté des vivants.

À l'hôpital ou en maison de retraite, partout où un lecteur à voix haute a pu franchir le seuil de la chambre, on est revigoré. Par un processus évoqué par Michèle Petit dans *Éloge de la lecture*, "la lecture féconde le lecteur, elle éveille son intériorité, […] met en mouvement sa pensée". Gigotis, agitations, yeux fermés puis rouverts, interventions multiples du corps, apnées heureuses, passionnées, chorégraphie des émotions… Comme si le lecteur à haute voix pouvait lire sur les corps l'effet que produisent ses mots… Touché! Le lecteur à haute voix ranime le langage du corps rudimentaire, d'avant la parole, et c'est ce corps qu'il vise, qui ranime tout un vécu vivant, permet au patient de relier les espaces morcelés et les temps éclatés de son expérience psychique, de les (re)mettre en résonance. Le lecteur à haute voix donne des mots touchant à la chair.

Quant aux sujets âgés qui ne lisent pas, ne veulent rien demander au livre, ils ont pour certains de très bonnes raisons. Nombre d'entre eux se sont vu inculquer à la baguette, au cours de leur jeunesse, une suspicion à l'égard de la lecture, ce loisir passif, improductif, culpabilisant. Tyrannie ou folie, nous ne pouvons ignorer que le début du XXe siècle mettait en garde contre les dangers contenus dans le livre.

BIBLIOTHÈQUES DE L'INTIME

Selon Paul Ricœur, nous ne pouvons nous comprendre nous-mêmes que par le grand détour des signes d'humanité déposés dans les œuvres de culture. Tout ce que nous savons de l'amour ou de la haine, ou des sentiments éthiques par exemple, a d'abord été porté au langage et articulé par la littérature. "Il n'y a pas d'accès au réel direct, pur, nu, dépouillé de toute mise en forme préalable. Il n'y a pas d'expérience sans référence, une instance tierce se glisse forcément entre nous et les autres, nous et le monde, nous et nous-mêmes", écrit à sa suite Alain Finkielkraut, s'interrogeant sur "ce que peut la littérature". Et puisqu'on n'échappe pas à la médiation, puisque la littérature est décidément toute-puissante, la question est de savoir à quelle bibliothèque on confiera son destin.

Le moment est donc venu d'ouvrir les portes de l'atelier de bibliothérapie : dans la librairie, dans la bibliothèque, dans une salle prêtée par la mairie, dans le cabinet de psychothérapie, ou même chez soi. L'atelier aura cette fonction primordiale, définie par Marc-Alain Ouaknin, d'"offrir des lieux et des temps d'ouverture de l'être et du langage, dans une médiation essentielle que réalise l'activité de lecture".

C'est que les vrais livres révèlent à chacun une faculté exceptionnelle, qu'il faut croire d'ordinaire enfouie, et que tous peuvent voir à l'œuvre sur eux-mêmes quand ils tournent les pages : ils étaient des dormants et là, il faut se rendre à l'évidence, le mort se réveille soudain. L'exaltation est absolue. Chaque sursaut de la lecture fait tressaillir et boire ce qui était immobile et sec, dans la tête et dans l'existence. Les silences engloutissants de la vie, ces blancs, ces ignorances, ces dessiccations, les voilà interrompus et pour longtemps désamorcés par un temps de présence aux autres qui vaut un long signal de remémoration, de régénération. L'amour, l'admiration, la colère, l'humour, le respect, la sincérité, la curiosité, même et surtout le jeu, reviennent enfin héler l'intime.

Nous n'avions donc pas perdu le monde, disent certains avec des soupirs de soulagés.

Ils y reviendront, puisque la lecture est une souple dépendance, une emprise active, une folie douce et circulaire qui permet de se calmer, de se déprendre et de se reprendre. Sans compter l'influence mobilisatrice des voix (celles des différents participants), qui donnent à tous un sentiment d'appartenance et d'unité. En atelier – et il n'est pas besoin pour cela d'un auditorium sophistiqué – l'audible nous embrasse et nous réunit dans une communauté de consonance.

Une bibliothèque est le lieu rêvé pour créer un atelier de bibliothérapie. On a les livres sous la main. Là, on tentera de faire de chaque page un acte de résistance.

Le bibliothérapeute parle à des vivants mortels. À des êtres qui en ont soudain conscience. Et c'est en regardant leurs visages que le bibliothérapeute doit comprendre comment sa voix touche à l'intime.

Je lis un texte à haute voix, je vois le désir visible dans le mouvement, dans les micromouvements de chacun sur sa chaise devenue trop petite pour contenir le sujet qui grandit en se découvrant. Le corps du lecteur, du penseur, est toujours immense par rapport à son corps physique ! Il prend bien plus de place, regardez-les bouger en écoutant. Ceux qui ferment les yeux quand je parle n'écoutent pas le discours mais seulement la chanson, le rythme, la musicalité, font de l'intime avec mes propos, sous mes yeux, face à moi, avec une créativité de cancre, et une incroyable capacité d'abstraction.

Ma voix féconde l'auditeur, elle éveille son intériorité, met en mouvement sa pensée.

Voilà ce qui devrait arriver quand tu m'écoutes. Je te parle des choses que nous savons tous sans savoir que nous les savons. Partout tu attends cette phrase. Toutefois ne cherche aucune certitude dans ma voix. Ce que je te lis est lieu de plongée en soi-même, non d'efficacité. Au contraire mon propos est plein de citations, de digressions, va en tous sens, fait pour échauffer le sujet, et non le réchauffer, pour te permettre mille associations d'idées. Ce qu'on appelle déranger. Je viens te déranger. Moments de rêverie pour permettre tes pensées, relancer ta créativité.

Mireille, qui est venue m'entendre parler de Picasso et de Hokusai et de Sarraute et de Colette en leur grand âge, sort en me disant : "Maintenant je sais comment j'inventerai ma vieillesse." Anne fait : "À travers mon propre corps, vous avez deviné comment je suis." Elle a quatre-vingt-dix ans, mais ses mains sont brûlantes, elle me réchauffe les doigts dans les siens, alors que j'ai consumé toute mon énergie dans l'heure d'atelier, dépensant évidemment autre chose que de la parole. Mais en parlant, je reconstruisais ailleurs une densité qui ranimait mon public. J'ai projeté une volonté, une confiance. Anne me les a rendues au centuple. Anne irradie.

Maintenant, je laisse la parole aux participants. Deux lecteurs pour un même texte produisent un "lire aux éclats" thérapeutique qui permet de faire jouer les idées et les mots, de les remettre en mouvement les uns par rapport aux autres, de les remobiliser. Autrement dit, c'est "les délivrer d'un sens exclusif, qui restreint et enchaîne la totalité indéfinie de leurs significations possibles", expose Ouaknin. Du langage en mouvement pour une existence en mouvement…

Les libraires et les bibliothécaires, ainsi que tous ceux qui n'ont jamais craint de conseiller des lectures, ceux pour qui réagir à la tristesse de quelqu'un signifie lui prêter un livre, ceux-là savent donc déjà approcher un sujet souffrant pour effectuer un soin de corps et donner un élan vital, alors qu'ils ignorent tout de la maladie. Même si le bibliothérapeute n'est pas médicalement instruit, il parle le langage de la vie, il sait lire sur les visages et, par sa main posée sur le papier du livre, il redonne une identité à celui que la maladie a réduit à un niveau purement local.

Le patient est malade. Il a un médecin pour le traiter. Mais de plus, il est malade d'être malade. C'est là que le bibliothérapeute intervient. Si le patient est malade, le bibliothérapeute n'y peut rien. Il n'intervient que pour empêcher le patient d'être malade d'être malade. C'est quand on est malade d'être malade qu'on sombre dans la dépression. Ici le bibliothérapeute pourra apporter du sens.

Ce n'est pas facile de dire à un tiers ce que l'on a vécu, et qui fait qu'on ne va pas bien. À qui en parler ? À un proche ? C'est prendre le risque d'être renvoyé au silence ou de l'entraîner dans son propre malheur. À un psychologue ou un psychiatre ? Mais le patient refuse souvent ce recours. Restent les livres et le bibliothérapeute.

J'ai peur du regard de l'autre, que puis-je lire ? On vient de m'enlever un sein, que dois-je lire ? J'ai peur de vieillir, quoi lire ? Magnifique réflexe car le bibliothérapeute est un documentaliste spécialisé dans la quête du plus humain en nous, et se doit de donner à un problème, par l'intermédiaire du choix d'un grand livre, les réponses les plus riches humainement.

Et même en soins palliatifs, la cessation du traitement ne signifie pas la cessation des soins. Les livres sont là également pour soulager la souffrance et accompagner la personne en fin de vie. Le soin soigne la vie, le livre soigne la vie.

La bibliothérapie nécessite l'empathie. En effet l'empathie guide le conseiller-lecteur, qui choisira d'autant mieux dans la bibliothèque ces livres destinés à favoriser l'identification émotionnelle du patient-lecteur, en lui faisant ressentir ce que ressent l'autre.

La bibliothérapie a affaire avec le soin. Elle ressortit à l'éthique. On trouvera dans un récent numéro de la revue *Approches* consacré à l'idée de soin les questions éthiques posées par Jean-Daniel Lalau, auxquelles le soignant doit absolument se confronter. Par conséquent, le bibliothérapeute devra se poser absolument les mêmes questions que tout professionnel de santé : qui suis-je pour accomplir une tâche de soin ? Ai-je pris soin de moi pour être pleinement disponible dans l'accueil d'autrui, de sa souffrance ? Vais-je demeurer authentiquement moi, dans cette lutte contre la maladie, dans cette lutte que les sujets souffrants mènent contre eux-mêmes et dans laquelle je vais me trouver impliqué ? Saurai-je me préserver sans me caparaçonner pour autant ? Saurai-je amender mes petits troubles du comportement pour aider au mieux les personnes en difficulté ? Saurai-je ne pas jouer au chien savant, en reconnaissant que je ne sais pas ? Saurai-je éviter de juger pour écouter, écouter encore, puis intervenir à bon escient pour donner la parole au livre que je vais conseiller, un ouvrage qui ne sera pas seulement un divertissement, mais aussi une explication du monde et une vision de l'existence capable de travailler en chacun de mes lecteurs la formation de l'expérience et l'éducation des sentiments ?

Dans la transmission il y a de la guérison. En bibliothérapie, une personne en aide une autre à se reconstruire en lui redonnant, par la médiation de la lecture, une puissance d'imagination et de création. Combler par l'imagination, l'identification, l'interprétation, un espace psychique laissé vide par le manque, la pauvreté, voilà le rôle du bibliothérapeute.

Le bibliothérapeute peut réinscrire un être dans le monde alors qu'il était réduit à l'histoire de sa maladie, simple objet d'une intervention médicale et thérapeutique. L'art, comme expression et participation à une entreprise commune, fait du bien. Il procure du plaisir. Il nous ouvre aux autres et au monde. Nos neurones libèrent des endorphines qui permettent d'améliorer l'humeur et de limiter la douleur. On peut créer du lien de multiples manières : voix, littérature, danse, théâtre. Ce qui est central, c'est le rôle du corps et des émotions. Ne jamais laisser dire que la lecture est immobile, paresseuse. Toucher la page, sentir le papier, respirer les voix, écouter un livre avec tous les pores de sa peau fait partie du lien qui fait partie du soin. La lecture est un soin, certes, mais il ne faut pas la laisser se médicaliser. Ne pas laisser mettre la bibliothèque et la lecture "sous assistance permanente de la médecine" (comme l'écrit Anne-Laure Boch dans la revue *Le Débat*), car la médecine engendre parfois des handicapés. Nous sommes déjà bien trop sous assistance de la médecine. Alors donnons la bibliothérapie aux littéraires, aux enseignants, aux animateurs, ne laissons pas la culture médicale – qui n'est que médicale – s'emparer de la lecture. La bibliothérapie ne doit pas être encadrée médicalement, puisqu'elle vit d'être une évasion hors norme.

Je rappelle qu'en 2012 sont parues en France les premières thèses de médecine sur la bibliothérapie, et que le support de cette bibliothérapie-là n'est vraiment pas à la hauteur de ce que nous, littéraires, savons du soin. Et tant pis si les artistes sont outrés que leur art puisse être qualifié de thérapeutique, pour eux-mêmes et pour les autres ! La négation du romanesque dans l'édification de la personne semble un manquement encore plus flagrant.

Si le romanesque est à ce point important, cela a à voir avec la détresse humaine originaire. La néoténie vraie (ou totale) est l'aptitude que possède un organisme animal à se reproduire tout en conservant une structure larvaire ou immature. Ce terme, créé en 1884, signifie étymologiquement "maintien de la jeunesse". La néoténie a été surtout observée chez les insectes (termites) et les batraciens (axolotl). Sigmund Freud a fait de cet état d'inachèvement le facteur principal des névroses. La condition névrotique de l'homme découlerait de "l'état de *Hilflosigkeit* et de l'état de dépendance longuement prolongée du petit enfant d'homme". La *Hilflosigkeit* est quelque chose comme la "détresse originaire". Freud indique que "l'existence intra-utérine de l'homme apparaît face à celle de la plupart des animaux relativement raccourcie, de sorte que l'enfant d'homme est jeté dans le monde plus inachevé qu'eux". Si cela prédispose l'homme à la névrose, c'est parce que cela le place dans un inapaisable besoin d'amour. *Hilflosigkeit* est un terme qui vient de Luther, dans la théologie de langue allemande, *Hilfe* étant l'aide de Dieu nécessaire pour secourir l'homme. L'homme conserve donc une part inachevée, infantile. Voici maintenant la néoténie vue par Peter Sloterdijk : "*Homo sapiens* est constitutivement un infirme de la prématurité, une créature destinée à une immaturité éternelle et qui, compte tenu de cette caractéristique que les biologistes appellent néoténie (la conservation des traits juvéniles ou fœtaux), ne peut survivre que dans les incubateurs de la culture."

Le rôle du bibliothérapeute n'est rien de moins que d'aider le patient-lecteur à parvenir à une sorte de maturité. J'ai beaucoup parlé du roman mais, plus j'avance personnellement dans ma propre bibliothérapie, plus je m'aperçois que j'achète préférentiellement des essais. Depuis quelques années, l'histoire du monde me libère encore bien plus que la mise en scène du quotidien, fût-ce dans un récit talentueux. Les essais poétiques de Jean-Pierre Richard, pour ne citer que lui parmi trente autres, valent bien un poème, car on y trouve cette langue parfaite des vrais chercheurs, riche, inattendue, explosant de ces formules, élégantes mais vivantes néanmoins, qui devaient alors passer pour des tics de langage, voire des lieux communs universitaires et désuets, mais qui sont désormais loin de nous autres éduqués en vitesse, n'ayant jamais eu affaire, pour la plupart, à l'élocution et la diction aristocratiques sur les bancs du lycée ou de la faculté – qu'on se rappelle que c'est Alain qui initia à la philosophie Simone Weil, André Maurois, Georges Canguilhem, alors lycéens en classe de première. C'est pourquoi nous avons besoin, plus que jamais, de cette distinction qui nous surprend comme de l'art. Il m'arrive bien souvent d'oublier des chagrins ou même des angoisses dans l'étude tranquille des anciens Grecs et des Romains, non par passion absolue pour l'histoire ancienne ou par nécessité professionnelle (je n'ai pas fait carrière dans l'université), mais parce que j'éprouve joie et stupéfaction à la lecture de Paul Veyne, Pierre Vidal-Naquet ou Henri-Irénée Marrou. Ils sont mes romanciers à moi! Je ne travaille pas, je ne bûche pas, je ne me creuse pas la tête, je ne prends pas de notes et ne cherche pas à mémoriser de force des dates ou des noms, je me laisse simplement mitrailler par une grêle de nouveautés, d'événements étincelants, de rois et de reines inconnus ou entraperçus autrefois au hasard d'une classe de collège et aussi flous dans ma mémoire que les dames à toque blanche qui servaient à la cantine, bref je me contente d'une lecture hédoniste, heureuse, laissant de côté les questions de méthode ou de chapelle, et me contentant de m'émerveiller en sifflant d'admiration au détour d'une trouvaille. Au sens large, disons que cela peut s'appeler de l'étude, mais alors au sens le plus amoureux du terme. Restons dans l'histoire ancienne, car je ne résiste pas à rapporter ici une réflexion de Jean-François Champollion, le découvreur des hiéroglyphes, qui figure parmi mes plus efficaces citations thérapeutiques. Champollion mourut bien jeune, à peine passé quarante ans, et dans les souffrances atroces de l'urémie, mais il désirait passionnément achever son traité sur la grammaire égyptienne et se garda miraculeusement en vie pour cela. "Lorsque le monde réel pèse sur notre cœur, écrit-il en 1826, le monde idéal doit être notre refuge, et ce monde-là, c'est l'étude : elle nous fait oublier momentanément les dégoûts de la vie en nous transportant hors de nous-mêmes ; en élevant nos idées, elle double notre courage et nos jours se passent moins sombres et plus rapides."

Ce que d'aucuns jugent comme de rébarbatifs pavés sont surtout d'extraordinaires révélations, des retournements, le dynamitage méthodique de tous ces décors hollywoodiens, donc stéréotypés, qui continuent d'abîmer et d'aplanir notre passé et, partant, notre pensée du monde et de nous-mêmes. Comme à l'enfant l'histoire du soir, ces études, portées par une langue tenue et admirable, apportent le réconfort et de la belle étoffe pour les rêves de la nuit qui vient.

À vous de prendre le relais dans vos ateliers. Pratiquerez-vous la bibliothérapie individuelle ou une bibliothérapie de groupe? Préventifs ou curatifs, quels conseils de lecture donnerez-vous? Romans, poésies, essais? Beaux livres à caresser et à humer? Voyez d'abord pour vous-même quels sont ces livres qui ont tourné la page, qui vous ont conforté dans l'idée que vous aviez pris un mauvais chemin et vous ont aidé à trouver le bon. Quels sont les livres repères qui vous autorisent? Les livres qui vous font écrire? Rire? Les livres du matin, les livres du soir? Les livres sur les livres et les livres sur la lecture, les livres qu'on ne finit pas et les livres infinis? Et même les livres qu'on ne lit pas mais qu'on caresse? Les livres qui vous donnent accès à vous-même… Le livre qui vous a régénéré, le livre qui vous est au cœur, vous n'avez plus qu'à le faire apparaître, à en lire quelques phrases, à le prêter. Passeur! "Chacun de nous a un livre secret. C'est un livre chéri. Il n'est pas beau. Pas grand. Pas si bien écrit. On s'en fiche. Car il est la bonté même pour nous. L'ami absolu. Il promet et il tient ce qu'il promet. Nous l'oublions mais il ne nous oublie jamais. Il sait tout de nous mais il ne sait pas qu'il sait", a écrit Hélène Cixous dans *Philippines*.

MES AVENTURES
DE BOB MORANE

Mon goût pour le livre (son maniement, sa caresse), c'est bien avant l'heure de la lecture, je le fais remonter à l'instant même de ma naissance ou, disons, aux quelques minutes qui la suivirent, car je suis convaincue qu'il y a eu, entre un livre et moi, immédiatement, imprégnation. Prenons les oiseaux, ils adoptent comme "parent" le premier objet mouvant qu'ils voient à l'instant de sortir de leur coquille : un homme, un chien, un petit moulin. Le parent n'est donc pas nécessairement un individu de la même espèce. Je pense que je me suis attachée ainsi au livre, à sa raideur, à son format. Et je crois cette empreinte pratiquement irréversible parce qu'elle s'est produite de façon très précoce et extrêmement brève. Je me demande même s'il serait tout à fait idiot de supposer qu'il s'est produit à ma naissance une scène comme celle-ci : je ne sais pas encore que je suis un jeune animal, mes parents de chair se penchent sur moi, mais le livre que mon père a tenu pour meubler sa longue patience lui échappe des mains et me frôle. Avant même que ne bougent les doigts et les lèvres de mes père et mère, c'est le passage de ce livre sur ma plasticité initiale qui sera l'expérience unique me permettant de connaître les caractéristiques de l'espèce à laquelle j'appartiens : non pas seulement une espèce douée de langage et de raison, mais une espèce douée d'un rapport au livre.

Depuis, j'ai connu beaucoup d'autres gens qui se conduisaient comme des livres. On donne le déchirant spectacle d'un être aux prises avec lui-même, intériorisé absolument. Certains jours, c'est très ennuyeux. On n'y voit rien. On n'entend rien non plus. On se contente de dire des mots. Les mots viennent à la bouche comme un miracle de Pentecôte, en rafales, mais toi, tu ne vois rien. Si la nuit est profonde, avec mille étoiles au ciel, non seulement tu ne distingueras rien mais en sus tu vas baisser la tête sur tes pieds pour tenter de retrouver, dans les pages synaptiques de ta mémoire visuelle, le nom de telle ou telle et, pendant que tu cherches en toi au lieu de te réconforter à la nature, tu es incapable de rester en place.

Fébrilité d'aphasique qui montre du doigt des objets mais manque des mots pour les dire autrement que par une toux ou un hoquet. Puis, quand tu retrouves ton bagout, tu parles depuis un fonds de voix lointaines, tu pioches au hasard celle qui te plaît pour l'occasion.

Mais comment vivre avec des pensées que sans cesse effacent ou corrigent des arrière-pensées ? Tes mots échouent à exprimer une idée qui serait un peu à toi et, de même, tes minuscules pensées propres échouent à exprimer une quelconque réalité.

Et quand plus personne n'écoute ta musique, alors tu te mets à écrire.

Tu as à peine du poil au cul que tu écris déjà, imitant chaque style. Chez l'un, tu apprendras à picorer ; de l'autre tu copieras la technique de mise à mort. Tu apprendras aussi à sauter, courir, parader, marquer un territoire, bêler, nager, feuler.

Tels ont été approximativement les épisodes de mon enfance et de ma jeunesse. Et maintenant, j'écris sans arrêt, je travaille à plein temps, mais je ne saurais pas dire pourquoi. J'ai vu, un jour, à Palavas-les-Flots, sur l'étang, deux flamants roses qui se battaient pour un bout de lagune. Le ton monta, coups de bec. Quelque chose en moi prenait les paris. Et soudain, inexplicablement, les deux machos cessent le combat et, contre toute attente, se mettent à récolter de petites branches et des algues sèches puis, se tournant le dos, chacun reprend la construction de son nid où il l'avait abandonnée. Je ne peux expliquer cette bizarrerie. On aurait dit que, ne sachant pas s'ils devaient attaquer ou fuir, chacun des deux oiseaux avait pris une décision médiane, indifférente, neutre. Toute l'énergie qui s'était accumulée dans leurs muscles, dans leurs cris, dans leurs plumes ébouriffées, s'est libérée alors dans cette voie de moindre résistance. Et, chacun de son côté, ils ont bâti plus que jamais.

J'écris comme les flamants roses cessent de se battre. Pour les mêmes raisons inconnues. D'ailleurs, avec l'âge, tu n'as même plus besoin de fuir un vrai combat pour avoir envie de commencer un livre. Tu explosent même si personne ne te cherche de noises. Pour un grain de poussière en suspension, tu pètes les plombs. Tu détonnes à vide, à blanc, pour le plaisir de te ruer tout à coup vers le nid à poursuivre…

Mais j'en viens à Goethe, Colette et surtout Bob Morane, autour de treize ans. Mes parents avaient décoré la salle à manger avec des livres de peinture. Ils collectionnaient ce qu'on appelle les beaux livres. Tous les autres bouquins, les poches d'avant ma naissance, les achats obligatoires des clubs du livre, les cadeaux, les erreurs, c'est dans ma chambre qu'ils finissaient. La construction de ma bibliothèque me marqua comme celle d'une prison. Il y avait, dans ma chambre, une porte qui donnait sur le palier. Mes parents s'empressèrent de la condamner. Mais au lieu de la masquer avec des briques et du ciment, mon père se contenta d'aller faire couper des planches d'aggloméré pour dresser, devant cette porte, une volée de rayonnages. Ce fut donc à la fois ma bibliothèque et la grille de ma prison. Chaque étagère était un barreau horizontalement disposé, que ma mère avait recouvert de papier adhésif. Ensuite ils apportèrent les livres, comme des briques, des parpaings, des matériaux de construction durable, et le poids du papier m'interdit toute évasion.

J'avais des livres à profusion : Balzac, Zola, un XIXe siècle dans lequel une adolescente des années 1970 ne pouvait pas se reconnaître. Il y eut aussi *Ainsi soit-elle* des sœurs Groult, qui m'avait fait si peur, car il y avait des citations de Sade à toutes les pages, des triangles de bois pour déchirer l'anus, des balançoires pour torturer. C'est donc ça, être une femme ?

Puisque ces livres s'étaient emparés de mon espace, je leur demandai, en échange de leur existence solide et matérielle qui m'encombrait, des leçons pratiques et des rassurances. J'avais scotché, au-dessus de ma tête de lit, à côté d'un poster de Status Quo, une citation de Goethe. Ma sœur avait punaisé Hugo dans son secrétaire : "Je m'en irai bientôt au milieu de la fête sans que rien manque au monde, immense et radieux…" Nous vivions ainsi, plaintives et farouches, en apparence ardemment pressées de quitter ce monde sans humour et sans attention, mais souhaitant secrètement découvrir la truculence, la force, la patience, la puissance, la gaieté, l'éloquence et une variété merveilleuse de pugnacité. Je voulais un interlocuteur génial, j'exigeais une compréhension irrésistible, j'essayais de m'appuyer partout où je sentais qu'une force pourrait me répondre, mais la poussée que je recevais en retour était nulle, et les gens que j'avais pris pour des piliers capables de me soutenir s'évanouissaient.

Sauf les livres. Quelques-uns.

J'ai acheté *Chéri* chez un bouquiniste de Montpellier qui vendait aussi des disques d'occasion et des bandes dessinées. C'était un ouvrage à couverture jaune, publié dans la collection "Le Livre de demain", Librairie Arthème Fayard, Paris, et orné de vingt-deux bois originaux de G. Janniot. Son premier lecteur avait inscrit au crayon de papier, sur la page de faux titre, La Grand Combe, 29 novembre 1949, et signé Farguier (ou Pasquier). L'image de mon rêve d'alors ressemblait à Léa, une femme vivante, solide, rude et équilibrée qui aurait été capable de me rattacher au sol. Personne ne m'avait enseigné l'existence de Léa, elle est évidemment un idéal commun à toutes les jeunes filles qui ont besoin d'une ancre et d'un miroir afin de se bâtir une carapace solide pour supporter l'émotion de vivre.

Mais Goethe aussi, qu'on traite pourtant de pisse-froid, faisait parfaitement l'affaire. Sans ce bréviaire ou ce viatique, je n'aurais pas eu le courage de vivre, déguisée en jeune fille, ma croix d'adolescence au cou, mon fardeau de croissance aux épaules. Il faut une musique forte, presque une liturgie pour supporter les moments troubles et irrespirables de l'extrême jeunesse. Il faut une discipline et une eau claire où puiser de quoi se laver de tout. Car il est de ces phrases miraculeuses qui furent sans doute écrites pour briser la peur. Le temps de copier, au feutre vert, sur une feuille de papier quadrillé, la phrase aux vertus curatives découverte au dos d'un vieil essai intitulé *Goethe par lui-même*, je m'étais fabriqué un abri. Il fut court, le temps d'y croire, mais un instant j'avais pensé, vraiment, que "les dieux infinis donnent tout à leur favori – pleinement : toutes les joies infinies, toutes les douleurs infinies – pleinement". Puis la phrase s'usa. Elle se délava. Peu à peu, sa profondeur m'échappa, et sa signification, du moins celle que je lui avais d'abord accordée. Elle se décomposa, devint aussi insignifiante qu'une comptine. Enfin, elle se disloqua. Tous les éléments actifs contenus dans les mots, calmants, thérapeutiques, je les avais absorbés, et la phrase à présent restait absolument vide. Je n'étais plus la favorite d'aucun dieu. Alors je me jetai sur une consolation à relire trois fois par jour et qui me répétait, à peu près : "N'aie pas de peine. Pour deux jours déçus, tu ne sais pas les secrets qui se cachent derrière les paravents." La nuit, j'essayais de calmer les battements de mon cœur avec ceci : "Les palpitations, c'est l'ambition sans tactique." Puis je me récitais dix fois : "Si tu as peur, n'écoute pas ton cœur." En rassemblant d'autres fétiches verbaux, en les triant, en respectant une hiérarchie fondée sur leur efficacité, leur séduction anxiolytique, leur secours à vivre, en écartant les images trop traditionnelles, en ne gardant que les plus révolutionnaires, en rejetant les doubles, les triples, mes gestes étaient identiques à ceux que j'avais accomplis quelques années plus tôt, quand je collectionnais les timbres-poste. De même, pour ma précieuse récolte, je faisais glisser la citation, du livre vers ma page vierge, avec de vraies précautions de philatéliste décollant d'une enveloppe le timbre convoité. L'opération était aussi longue, aussi hasardeuse : ne rien arracher, ne pas désépaissir la colle, ne pas faire baver l'encre du tampon. Tout enfant, j'oubliais les timbres, pendant des heures. Quand je les retrouvais, ils flottaient dans le lavabo, s'étaient collés à la faïence. Au fond, les enveloppes découpées formaient une sorte de gadoue bleutée qui teignait l'eau. Debout devant cette pâte que je considérais avec perplexité, j'ignorais encore – je soupçonnais peut-être – que la lecture repose sur une opération initiale de déprédation et d'appropriation. Quintilien, je crois, ne disait pas lecture mais manducation : "De même qu'on mâche longtemps les aliments pour les digérer plus aisément, de même ce que nous lisons, loin d'entrer tout cru dans notre esprit, ne doit être transmis à la mémoire et à l'imitation qu'après avoir été broyé et trituré." Mes citations, mes timbres : pâte à papier, gomme à mâcher… Du pareil au même.

À côté des vrais livres, ceux de l'école et ceux des parents, il y avait les charmants, les séduisants, les éphémères, ceux qui me venaient du dehors, prêtés par les copines qui avaient des grands frères. Car ça sait vivre, un grand frère ! Et alors je comprends qu'il y a deux sortes de lectures : celle qui distrait, éloigne de nous ; celle qui augmente notre puissance, c'est-à-dire celle qui fait écrire. L'écriture m'est venue de ces livres prêtés. Mon premier roman fut conçu un dimanche matin, à Palavas-les-Flots, dans une chambre avec terrasse qui donnait sur le toit d'une boulangerie. Les lucarnes étaient entrebâillées. Je voyais les sacs de farine, la cuve gris acier du pétrin électrique, les blouses blanches à bouton-pression des apprentis pâtissiers. Mais ce mouvement et ce désordre à l'étage inférieur ne me gênaient pas. Installée à mon bureau d'élève, j'écrivais sur un cahier. Devant moi, ouvert, le livre source, le texte A, le matériel nutritif. J'en ai oublié le titre exact aujourd'hui, mais c'est une aventure de Bob Morane. Ne sachant pas du tout ce que signifie écrire, mais follement animée du désir d'écrire, j'avais entrepris de remplacer chacun des mots rencontrés par un synonyme. Mon premier roman progressa lentement. À chaque instant, il fallait consulter le dictionnaire, mais l'histoire se dessinait tout de même. En bas, les apprentis pâtissiers se penchaient sur le pétrin et gardaient leurs mains serrées dans le dos. Ils craignaient la profondeur, la chaleur de la pâte et le moulin terrible qui brasse, malaxe, façonne, entraîne et découpe à peu près tout ce qui a la tiédeur et la viscosité de la chair. Pour moi, l'écrivaillonne, presque noyée dans un fleuve, tapie dans un taillis, grouillant sous les hautes herbes, avec des najas, des tigres et des Arawaks, il s'agissait de feuilleter exactement le dictionnaire, en suivant fidèlement le canevas offert. Pas un instant, je n'avais douté du caractère original de mon roman, pas une seconde je ne m'étais représenté le travail de l'écrivain ou du poète comme différent de ce que je faisais alors. Voleuse, mendiante, emprunteuse, ravisseuse, retoucheuse et copieuse, je n'en avais aucune conscience mauvaise. Je croyais même fermement dans la nouveauté de ma démarche, dans son couronnement. En effet, les vieux matériaux remplacés par des mots neufs recomposaient suffisamment l'histoire pour parler de création. D'ailleurs, Henri Vernes lui-même n'aurait pas reconnu ses pages. Ainsi le livre crût et prit de l'importance. Il n'était pas onze heures. Par la lucarne, on voyait des douzaines de croissants sortis du four sur des plaques métalliques écaillées. Si une femme brune montait dans une limousine, elle se métamorphosait en demoiselle châtain sautant dans un taxi. Tout homme tuant un crocodile assassinait un caïman. Bref, l'aventure occupait déjà quatre ou cinq pages de mon grand cahier quand j'ai rencontré un écueil et m'y suis brisée. La femme de la limousine / la demoiselle au taxi se rendait / filait rue Rambuteau. On peut substituer Roi Soleil à Louis XIV et Cid Campeador à Rodrigue, mais Rambuteau ? Je n'ai trouvé aucun synonyme convenable. Déçue par l'échec de ma traduction, j'ai déchiré le cahier. Le roman fut abandonné et, avec lui, tout projet d'écriture à court et moyen termes. Si j'avais eu un peu plus d'expérience, j'aurais contourné la difficulté en traçant une périphrase, en trichant, situant la rue en fonction d'autres rues, réalisant une anagramme, variant l'orthographe. L'honnêteté m'arrêtait là, ne travaillant pas encore mais déjà ne jouant plus. Quoi qu'il en soit, je dois à Henri Vernes mon premier atelier d'écriture et ma définition de la littérature : la littérature est ce qui fermente. Les textes littéraires sont des mères, comme on dit la mère du vinaigre. Cela fermente donc. Un fragment de phrase recopiée d'Ovide ou d'Henri Vernes ou de Faulkner agit comme une levure ou comme un fond de tonneau, il fait tourner ce qui n'était que liquide. Ça prend. La littérature est ce ferment, elle est celle qui apporte "la vie fermentante" dans l'univers de chacun, trop souvent pasteurisé. Je pense au pain, aux croissants, aux levures, à la boulangerie au-dessus de laquelle j'avais habité à Palavas. Valéry raconte que son poème "Le Cimetière marin" a commencé en lui par un certain rythme, qui est celui du vers français de dix syllabes, coupé en quatre et six. Il n'avait encore aucune idée pour remplir cette forme. Mais peu à peu des mots flottants s'y fixèrent, déterminant de proche en proche le sujet, et le travail (un très long travail) s'imposa. Voilà ce qui arriva, dit Valéry : "Mon fragment se comporta comme un fragment vivant, puisque plongé dans le milieu (sans doute nutritif) que lui offraient le désir et l'attente de ma pensée, il proliféra et engendra tout ce qui lui manquait : quelques vers au-dessus de lui, et beaucoup de vers au-dessous." Des vers. Lombrics, ascaris, animalcules… Des vers à la naissance incontrôlable : *ex putri*. On pense aux sanctuaires malodorants de la fermentation, de la putréfaction, à la fosse à fumier où s'accomplissent de tièdes processus de transformation de la matière. À Palavas, on avait des cafards. Parce qu'en 1976 il est impossible de vivre au-dessus d'une boulangerie sans qu'il y ait des rats et des cafards. Un livre, c'est trois gouttes de semence et un peu de sang caillé, en manière de fromage, une solution informe d'abord, qui mature et caille en se moulant dans des formes symboliques. La littérature est ce qui fait grouiller ces microbes-là, écume et levain de la vie.

SOURCES

Laure Adler, *À ce soir*, Gallimard, 2001.

Françoise Alptuna, "Qu'est-ce que la bibliothérapie?", *Bulletin des bibliothèques de France* [en ligne], n° 4, 1994 ; http://bbf.enssib.fr/consulter/bbf-1994-04-0094-011.

Approches, revue trimestrielle de sciences humaines, "Des soins au soin", n° 157, mars 2014. (Cf. surtout Jean-Daniel Lalau, "Du soin dans toutes ses éthiques".)

Association française de bibliothérapie ou *Comment lire aux éclats à Cannes*, site s'inspirant notamment de l'œuvre de Marc-Alain Ouaknin ; http://af.bibliotherapie.free.fr.

Association Lire c'est vivre. La lecture en prison ; http://www.lirecestvivre.org.

Patricia Attigui (sous la dir. de), *L'Art et le Soin. Cliniques actuelles – peintures, sculpture, théâtre, chant, littérature*, préface d'Anne Brun, De Boeck, 2011. (Voir tout particulièrement Jean Florence, "Catharsis, symbolisation et institution".)

Silvia Baron Supervielle, *Alphabet du feu*, Gallimard, 2007.

Henry Bauchau, *L'Enfant bleu*, Actes Sud, 2004.

Thomas Bernhard, *Le Souffle. Une décision*, Gallimard, 2007.

Ella Berthoud et Susan Elderkin, *The Novel cure : an A-Z of Literary Remedies*, Canongate Books Ltd, 2000.

Albert Camus, *Discours de Suède*, coll. "Folio", Gallimard, 1997.

Michel de Certeau, *L'Invention du quotidien*, tome I : *Arts de faire*, Gallimard, 1990.

Varlam Chalamov, *Récits de la Kolyma*, Verdier, 2003.

Chemins de formation, n° 15, "Au fil du temps. Le récit de vie : objectifs et effets", Téraèdre, 2010.

Hélène Cixous, *Philippines. Prédelles*, Galilée, 2009.

Françoise Cloarec, *Syrie, un voyage en soi*, L'Harmattan, 2000.

Colette, *La Naissance du jour*, Garnier-Flammarion, 1993.

Maurice Corcos, *La Terreur d'exister. Fonctionnements limites à l'adolescence*, Dunod, 2013.

Richard J. Crowley et Joyce C. Mills, *Métaphores thérapeutiques pour les enfants et l'enfant intérieur*, Satas, 2013.

Gérard Danou, *Le Corps souffrant. Littérature et médecine*, Champ Vallon, 1994.

–, *Langue, récit, littérature dans l'éducation médicale*, Lambert-Lucas, 2007.

Marie Didier, *Le Veilleur infidèle*, Gallimard, 2011.

Françoise Dolto, *Solitude*, Gallimard, 2001.

Serge Doubrovsky, *Le Livre brisé*, Grasset, 1989.

Alain Finkielkraut (sous la direction de), *Ce que peut la littérature*, Stock, 2006.

Philippe Forest, *Tous les enfants sauf un*, Gallimard, 2007.

–, *Le Roman infanticide. Essais sur la littérature et le deuil (Allaphbed 5)*, Cécile Defaut, 2010.

Michel Foucault, *Histoire de la sexualité*, tome III, *Le Souci de soi*, coll. "Tel", Gallimard, 1994.

–, *L'Herméneutique du sujet*, Le Seuil / Gallimard, Paris, 2001.

Georges-Arthur Goldschmidt, *La Traversée des fleuves. Autobiographie*, coll. "Points", Le Seuil, 2011.

Julien Gracq, *La Littérature à l'estomac*, José Corti, 1997.

Lucie Guillet, *La Poéticothérapie. Guérir par la poésie*, Jouve et Cie, 1946.

Pierre Guyotat, *Explications* (Entretiens avec Marianne Alphant), Léo Scheer, 2000.

Nancy Huston, *L'Espèce fabulatrice*, Actes Sud, 2008.

Siri Hustvedt, *Tout ce que j'aimais*, Actes Sud, 2003.

Institut européen de bibliothérapie, site évoquant la notion de "bibliothèque intérieure" ; http://iebib.fr.

International Federation for Biblio/Poetry Therapy, site officiel de la bibliothérapie anglo-saxonne ; http://nfbpt.com.

Georges Jean, *La Lecture à haute voix*, L'Atelier, 1999.

Christine Jordis, *Une passion excentrique*, Le Seuil, 2005.

Évelyne Josse, *Le Pouvoir des histoires thérapeutiques. L'hypnose éricksonienne dans la guérison des traumatismes psychiques*, Desclée de Brouwer, 2007.

Imre Kertesz, *Être sans destin*, coll. "Babel", Actes Sud, 2009.

Jean-Pierre Klein, *L'Art-thérapie*, coll. "Que sais-je?", PUF, 1997.

Jacques Lacan, *Écrits*, Le Seuil, 1966.

Louise L. Lambrichs, "La littérature est-elle thérapeutique?", *Les Tribunes de la santé/Sève*, dossier "Littérature et santé", 2009/2 (n° 23), Presses de Sciences Po, 2009.

Sandra Laugier, *Éthique, littérature, vie humaine*, PUF, 2006.

Camille Laurens, *Philippe*, P.O.L., 1995.

Patrick Laurin, "Intervention artistique dans le service de gérontologie", *Revue de gériatrie*, 2005.

–, "Art, art-thérapie et maladie d'Alzheimer", communication du 20 septembre 2007 à la Cité des sciences et de l'industrie, Union nationale des Associations Alzheimer.

Jean-Marie G. Le Clézio, *Haï*, coll. "Champs", Flammarion, 1994.

Frédérique Leichter-Flack, *Le Laboratoire des cas de conscience*, Alma, 2012.

Lire pour guérir. Des lectures pour se sentir mieux, site évoquant la notion de "romans bienfaisants" ; www.lirepourguerir.com.

Marielle Macé, *Façons de lire, manières d'être*, Gallimard, 2011.

Virginie Malingre, "Des livres sur ordonnance", *Le Monde*, 24-25 juillet 2011.

André Malraux, Préface à *Sanctuaire* de William Faulkner, coll. "Folio", Gallimard, 1972.

Arleen Mc Carthy Hynes, Mary Hynes-Berry, *Biblio/poetry therapy. The interactive process. A Handbook*, North Star Press of Saint-Cloud, Minnesota, 1994.

Sophie de Mijolla-Mellor, *Le Plaisir de pensée*, PUF, 2006.

The National Association for Poetry Therapy, site officiel : http://www.poetrytherapy.org.

Martha Nussbaum, *L'Art d'être juste. L'imagination littéraire et la vie publique*, Climats, 2015.

Marc-Alain Ouaknin, *Tsimtsoum. Introduction à la méditation hébraïque*, Albin Michel, 1992.

–, *Lire aux éclats. Éloge de la caresse*, Le Seuil, 1993.

–, *Bibliothérapie. Lire, c'est guérir*, Le Seuil, 1994.

Michèle Petit, *Éloge de la lecture. La construction de soi*, Belin, 2002.

–, *L'Art de lire ou Comment résister à l'adversité*, Belin, 2008.

Michel Picard, *Comment la littérature agit-elle ?*, Klincksieck, 1994.

Paul Ricœur, *La Métaphore vive*, Le Seuil, 1975.

–, *Du texte à l'action. Essais d'herméneutique* I et II, Le Seuil, 1998.

–, *Lectures II. La contrée des philosophes*, Le Seuil, 1992.

Katy Roy, *"Lire, se lire et prendre soin de son être"*, in *Agora. Encyclopédie sur la mort* ; http://agora.qc.

ca/thematiques/mort/dossiers/la_bibliotheque_apothicaire_et_la_bibliotherapie.

Danièle Sallenave, *Le Don des morts. Sur la littérature*, Gallimard, 1991.

–, *À quoi sert la littérature?*, Textuel, 1997.

Michel Serres, *Genèse*, Grasset, 1986.

Peter Sloterdijk, *Tu dois changer ta vie*, Libella-Maren Sell, 2011.

André Spire, *Plaisir poétique et plaisir musculaire. Essai sur l'évolution des techniques poétiques*, José Corti, 1986.

Jean Starobinski, *L'Encre de la mélancolie*, Le Seuil, 2012.

Natalia Tukhareli, *Healing Through Books. The Evolution and Diversification of Bibliotherapy*, Edwin Mellen Press Ltd, New York, 2014.

Paul Valéry, "Les deux vertus d'un livre", in *Pièces sur l'art*, coll. "Bibliothèque de la Pléiade", Gallimard, 1960.

Mario Vargas Llosa, *Éloge de la lecture et de la fiction*, conférence du Nobel, Gallimard, 2011.

Virginia Woolf, *Journal intégral 1915-1941*, Stock, 2008.

Stefan Zweig, *Les Très Riches Heures de l'humanité*, Livre de Poche, 2004.

CITATIONS

Laure Adler, *À ce soir* : © Éditions Gallimard.
Silvia Baron Supervielle, *L'Alphabet de feu* : © Éditions Gallimard.
Colette, *La Naissance du jour* : © Flammarion.
Camille Laurens, *Philippe* : © Éditions Gallimard.
Michel Serres, *Genèse* : © Éditions Grasset & Fasquelle, 1982.

TABLE

Avant-propos	9
Armer pour la vie	13
Toucher au corps	23
Une vie nouvelle	31
Poétique du pathos	35
Poésie-thérapie	39
Entendre Shéhérazade	49
Lire : une sculpture de soi	57
Du sport en page	67
Lire est une art-thérapie	77
L'exil dans la langue	85
La page comme pansement	89
L'action transfigurante de la fiction	101
L'enfant et les livres	111
Vieillir et lire	123
Bibliothèques de l'intime	131
Mes aventures de Bob Morane	145
Sources	159
Citations	165

DU MÊME AUTEUR

Romans

L'AMPUTATION, Julliard, 1990.
L'ORCHESTRE ET LA SEMEUSE, Julliard, 1990.
LA MODÉLISTE, Julliard, 1990.
LE LONG SÉJOUR, Julliard, 1991.
LA QUATRIÈME ORANGE, Julliard, 1992.
LE VÉLIN, Julliard, 1993.
LE JARDIN CLOS, Gallimard, 1994.
LA LUNE DANS LE RECTANGLE DU PATIO, "Haute enfance", Gallimard, 1994.
LE VENTILATEUR, Gallimard, 1995.
LA VERRIÈRE, Gallimard, 1996 ; Folio n° 3107, 1998.
ELLE FERAIT BATTRE LES MONTAGNES, Gallimard, 1997.
LA PATIENCE SAUVAGE, Gallimard, 1999.
LA CHAMBRE D'ÉCHO, Le Seuil, 2001 ; Points n° 1062, 2003.
MÉSANGES, Gallimard, 2003.
PANDÉMONIUM, Gallimard, 2006.
NOTRE-DAME DES SEPT DOULEURS, "Haute enfance", Gallimard, 2008.
NOCES DE CHÊNE, Gallimard, 2008.
SUR L'AILE, Mercure de France, 2010.
SON CORPS EXTRÊME, Actes Sud, 2011.
OPÉRA SÉRIEUX, Actes Sud, 2012 ; Babel n° 1234, 2014.
LA SPLENDEUR, Actes Sud, 2014.
LE CHASTE MONDE, Actes Sud, 2015.

Essais

COLETTE. COMME UNE FLORE, COMME UN ZOO, Stock, 1997.
L'ÉCRIVAILLON OU L'ENFANCE DE L'ÉCRITURE, "Haute enfance", Gallimard, 1997.
PETIT ÉLOGE DE LA PEAU, Folio n° 4482, Gallimard, 2007.
LE SYNDROME DE DIOGÈNE, ÉLOGE DES VIEILLESSES, Actes Sud, 2008.

Formes brèves

LES ÉCARTS MAJEURS, Julliard, 1993.

GRAVEURS D'ENFANCE, Christian Bourgois, 1993 ; Folio n° 3637, Gallimard, 2002.

ALBUM, "Petite bibliothèque européenne du XXe siècle", Calmann-Lévy, 1995.

ICÔNES (poésie), Champ Vallon, 1996.

LA LIGNE ÂPRE, Christian Bourgois, 1998.

BLASONS D'UN CORPS ENFANTIN, Fata Morgana, 2000.

ÉMULSIONS (poésie), Champ Vallon, 2003.

LES ENFANTS SE DÉFONT PAR L'OREILLE, Fata Morgana, 2006.

50 HISTOIRES FRAÎCHES, Gallimard, 2010.

Des romains de Claude Garamont et des italiques
de Robert Granjon, Robert Slimbach a dessiné en 1989
la version du Garamond utilisée dans cet ouvrage.
Ses formes contemporaines n'empêchent pas de percevoir
dans la teinte ivoire du papier comme la foulure du plomb
et l'élégance typographique.
Sorti du tamis où les vergeures ont laissé
la transparence l'éclairer, ce papier permanent
sans acide et sans chlore a été imprimé
par Normandie Roto Impression s.a.s., à Lonrai
en avril 2016.

L'atelier graphique
des éditions Actes Sud a mis en page
cet ouvrage au deuxième étage
du Méjan, place Nina-Berberova,
à Arles
en juin 2015.

Dépôt légal
1ʳᵉ édition :
mars 2015

N° d'impression : 1601648
(Imprimé en France)